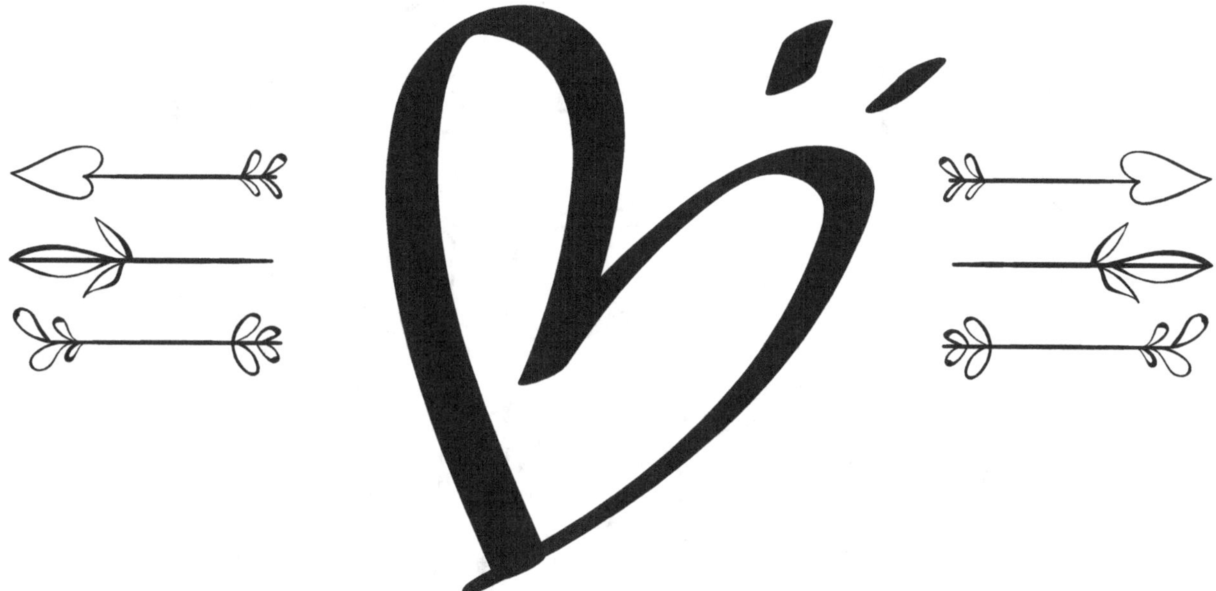
Este Libro
Pertenece a

AUTOBÚS ESCOLAR LIBRO DE COLORANTE

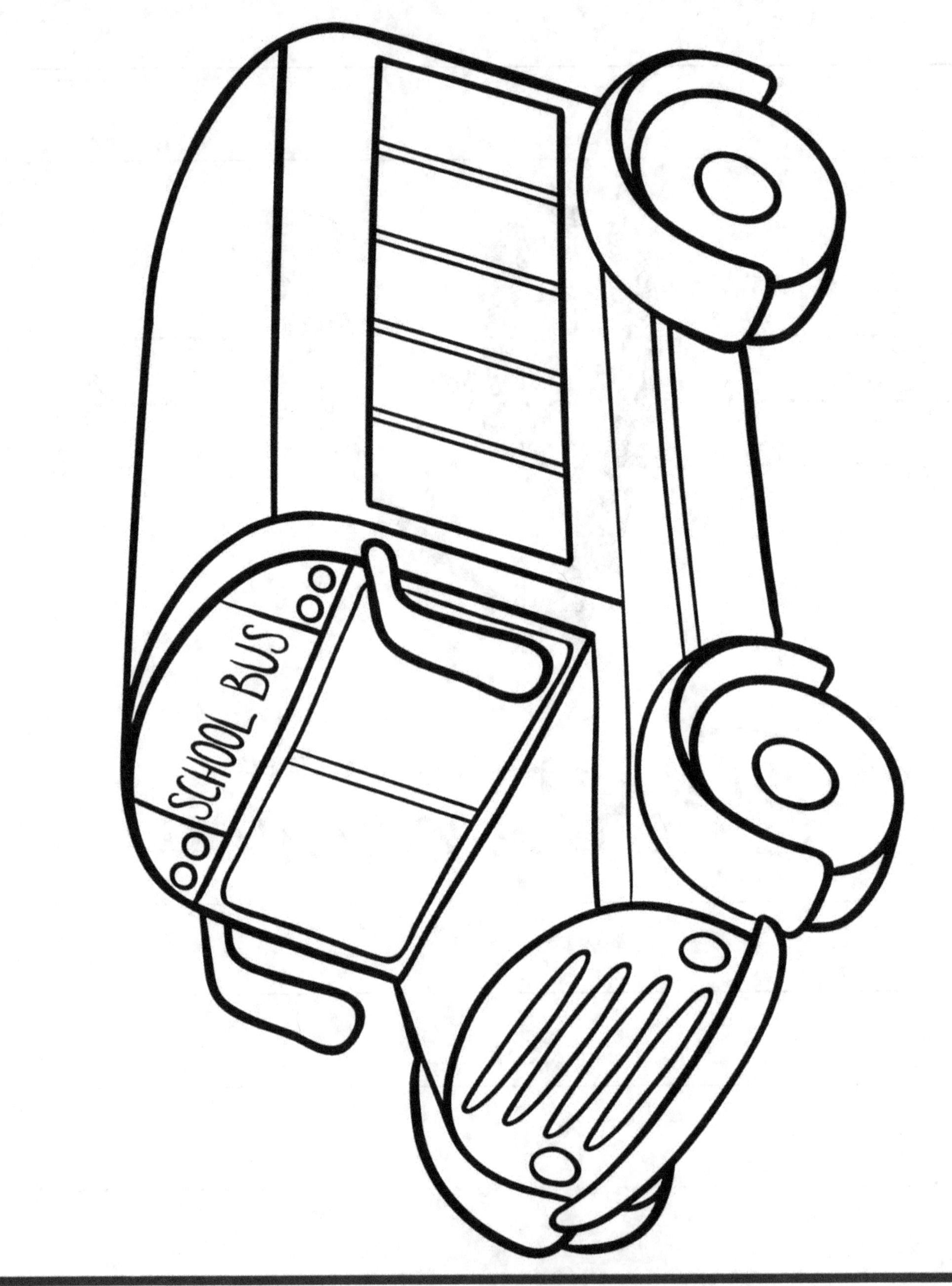

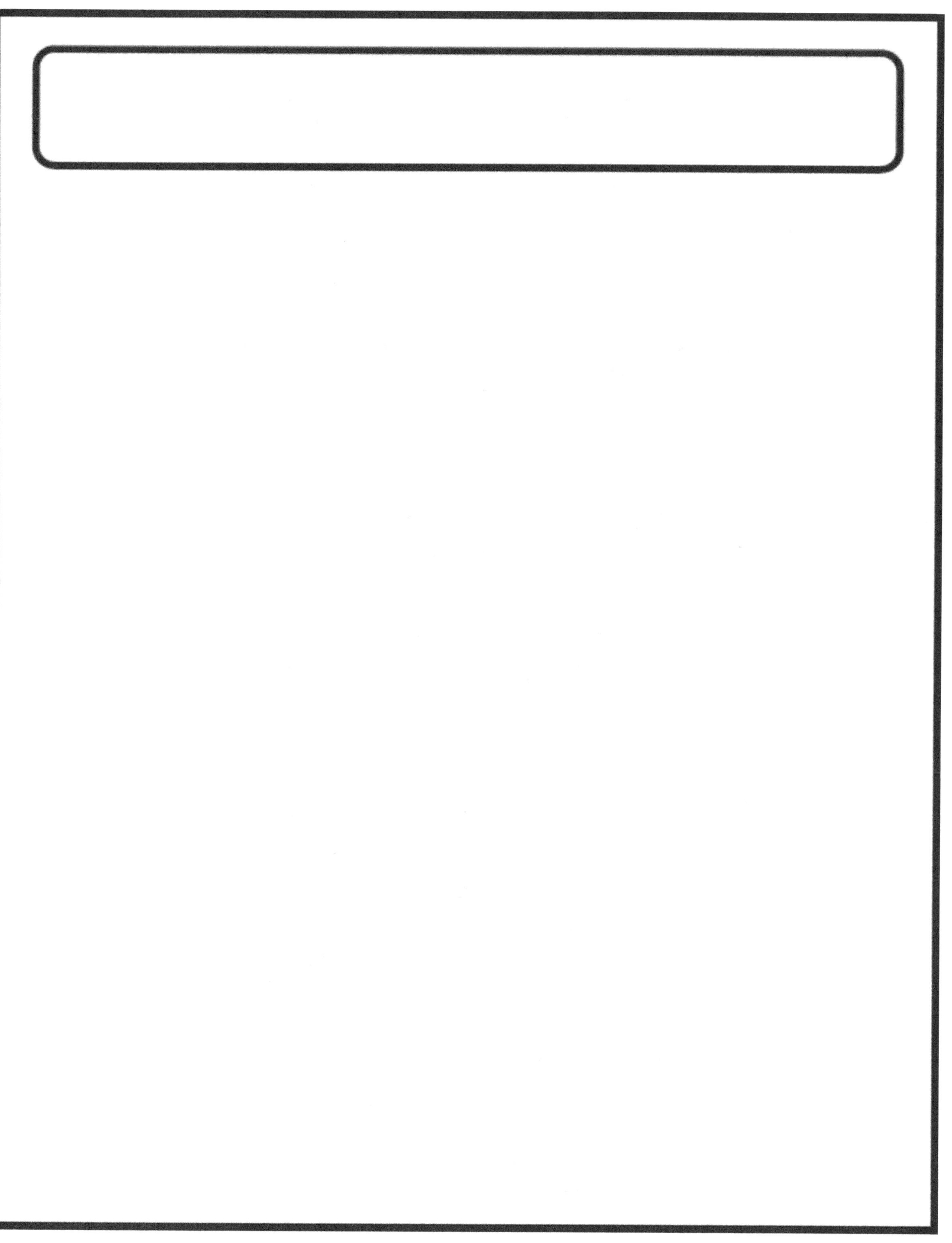

AUTOBÚS ESCOLAR LIBRO DE COLORANTE

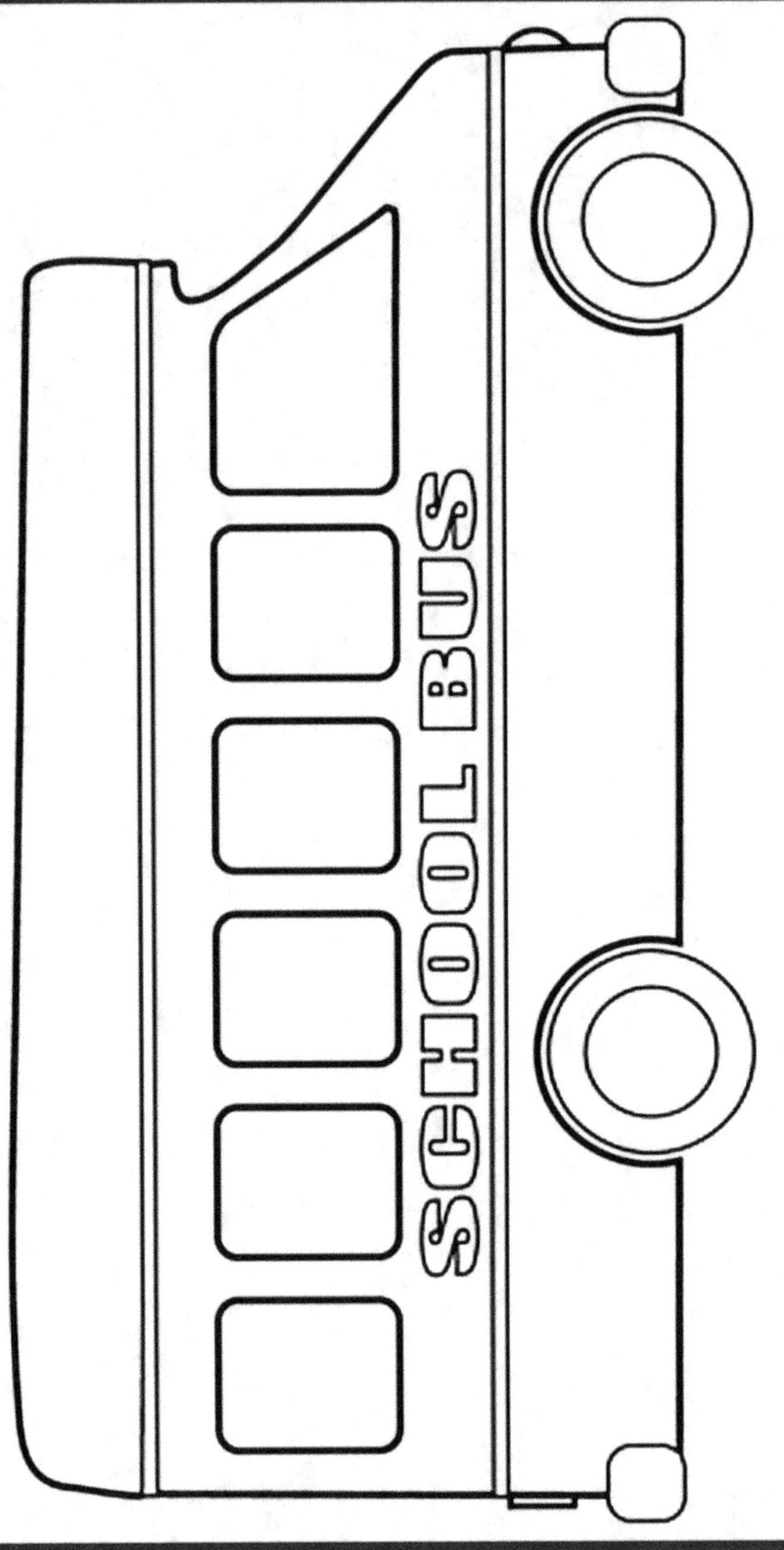

SCHOOL BUS

AUTOBÚS ESCOLAR LIBRO DE COLORANTE

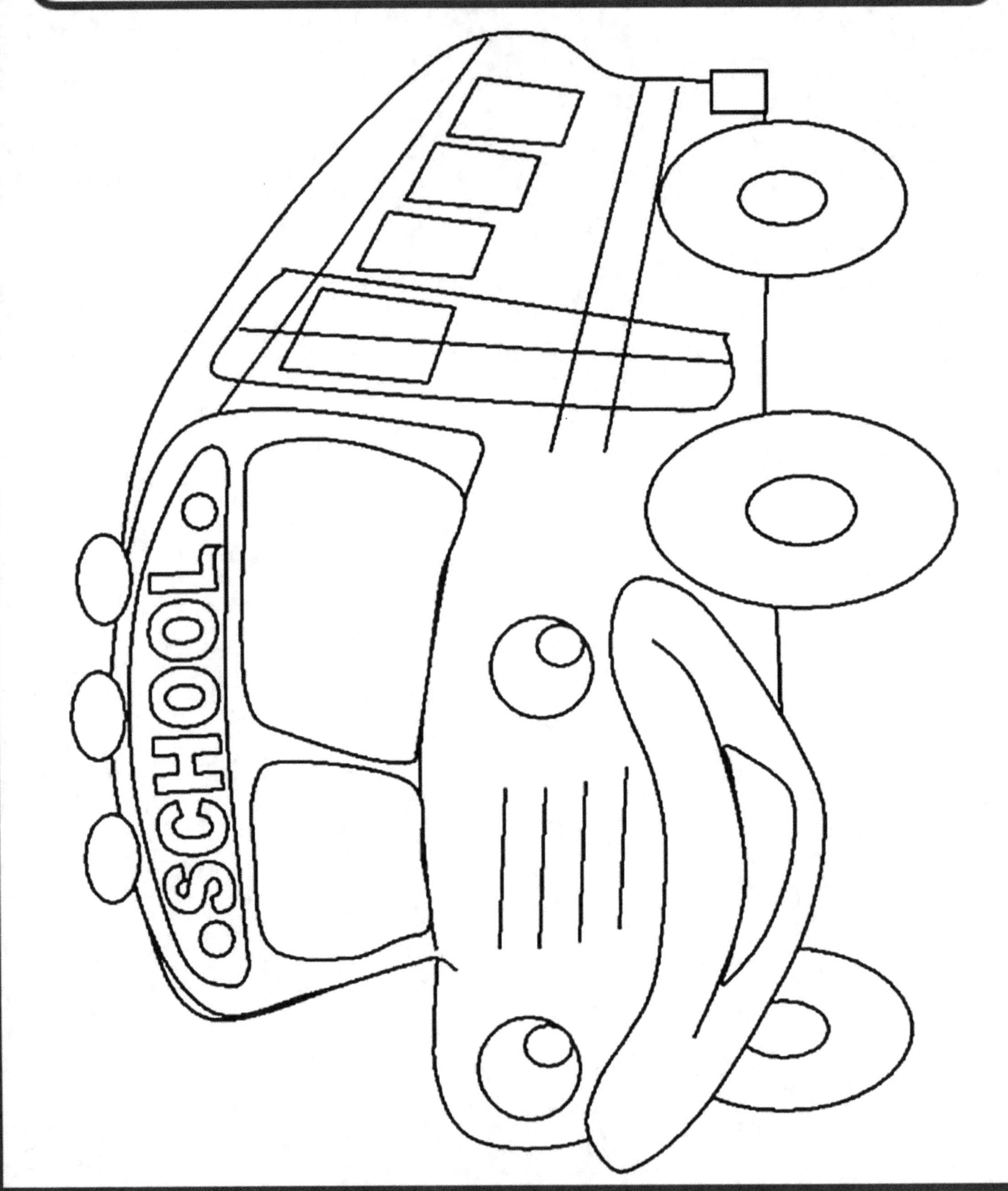

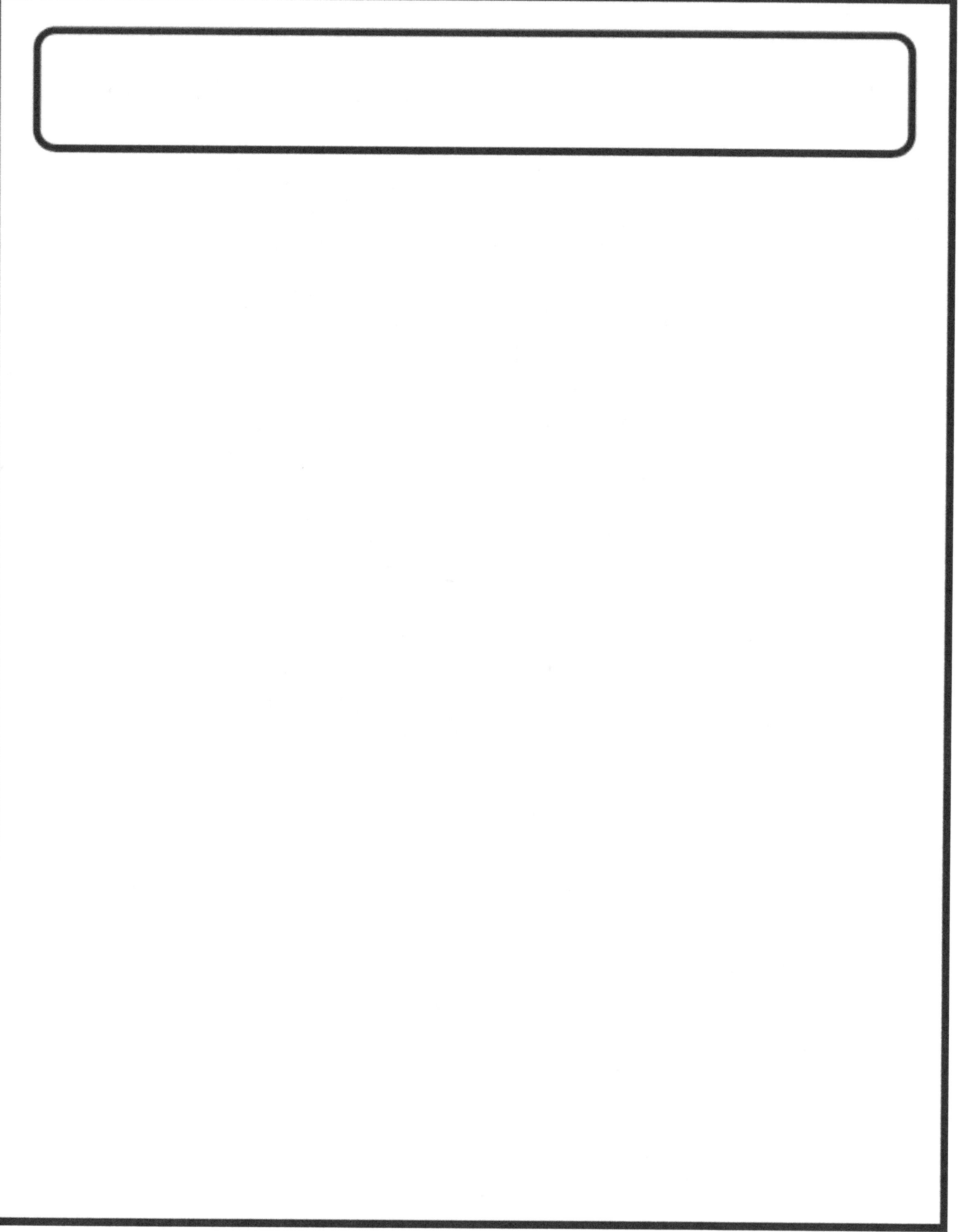

AUTOBÚS ESCOLAR LIBRO DE COLORANTE

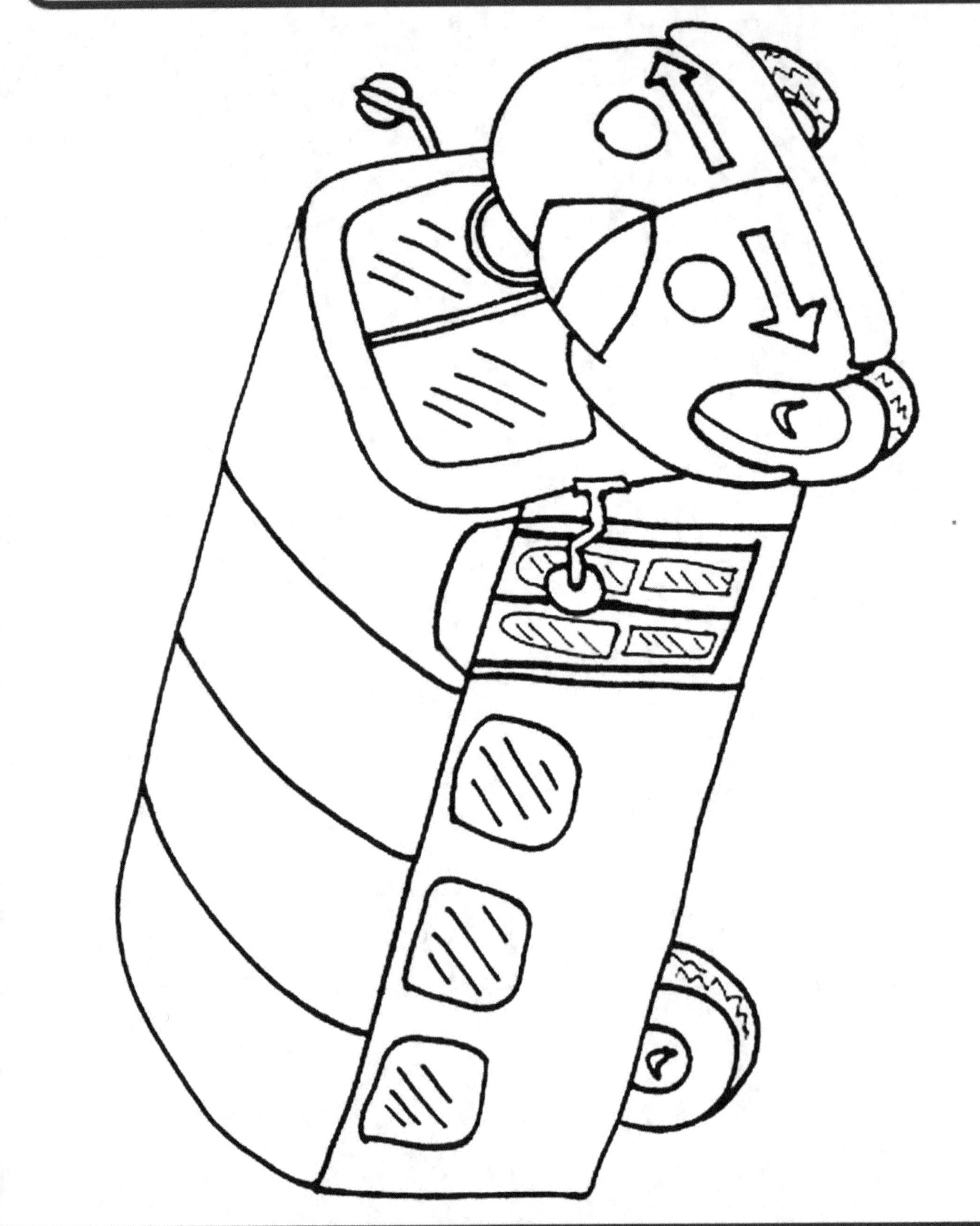

AUTOBÚS ESCOLAR LIBRO DE COLORANTE

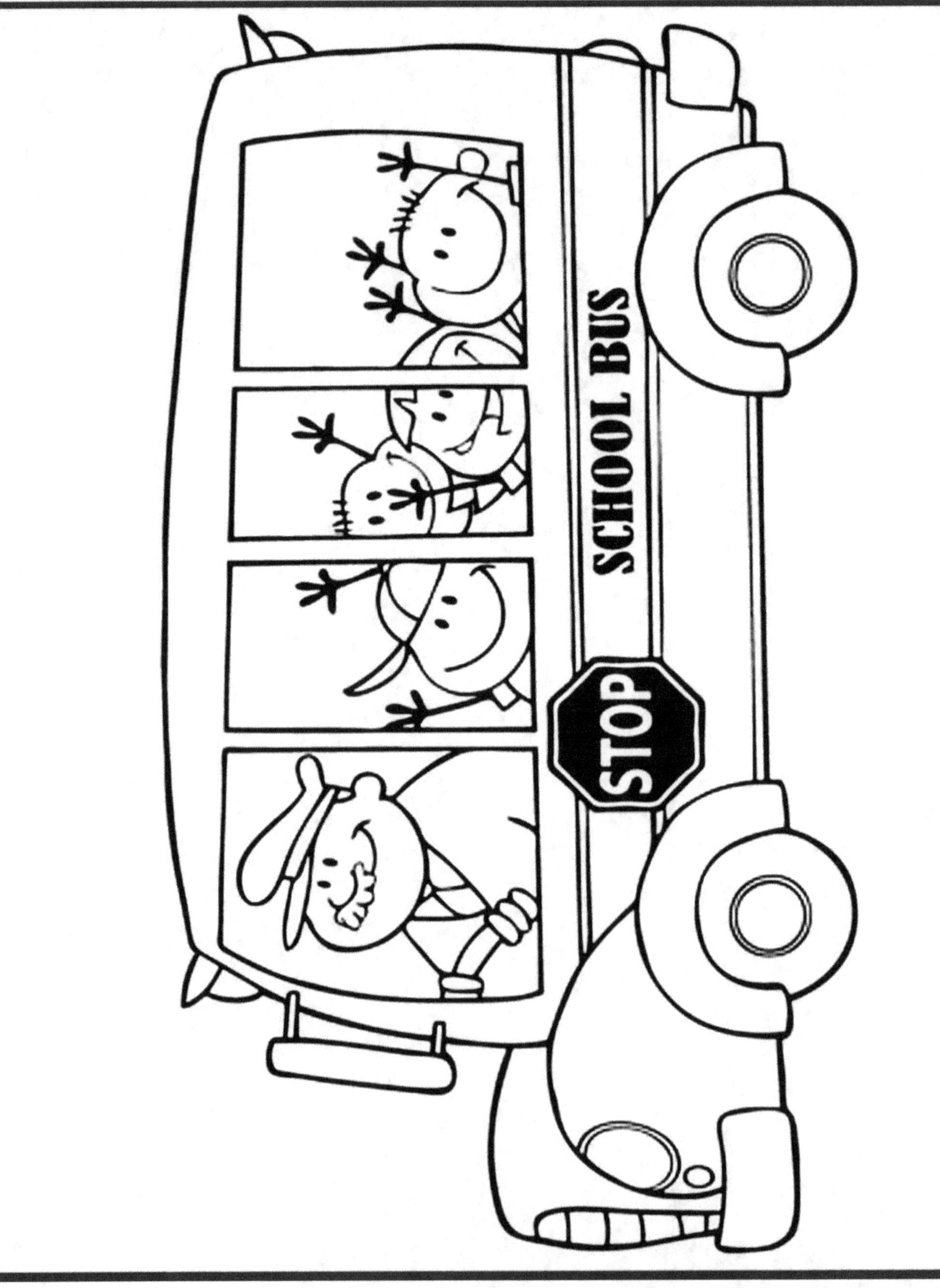

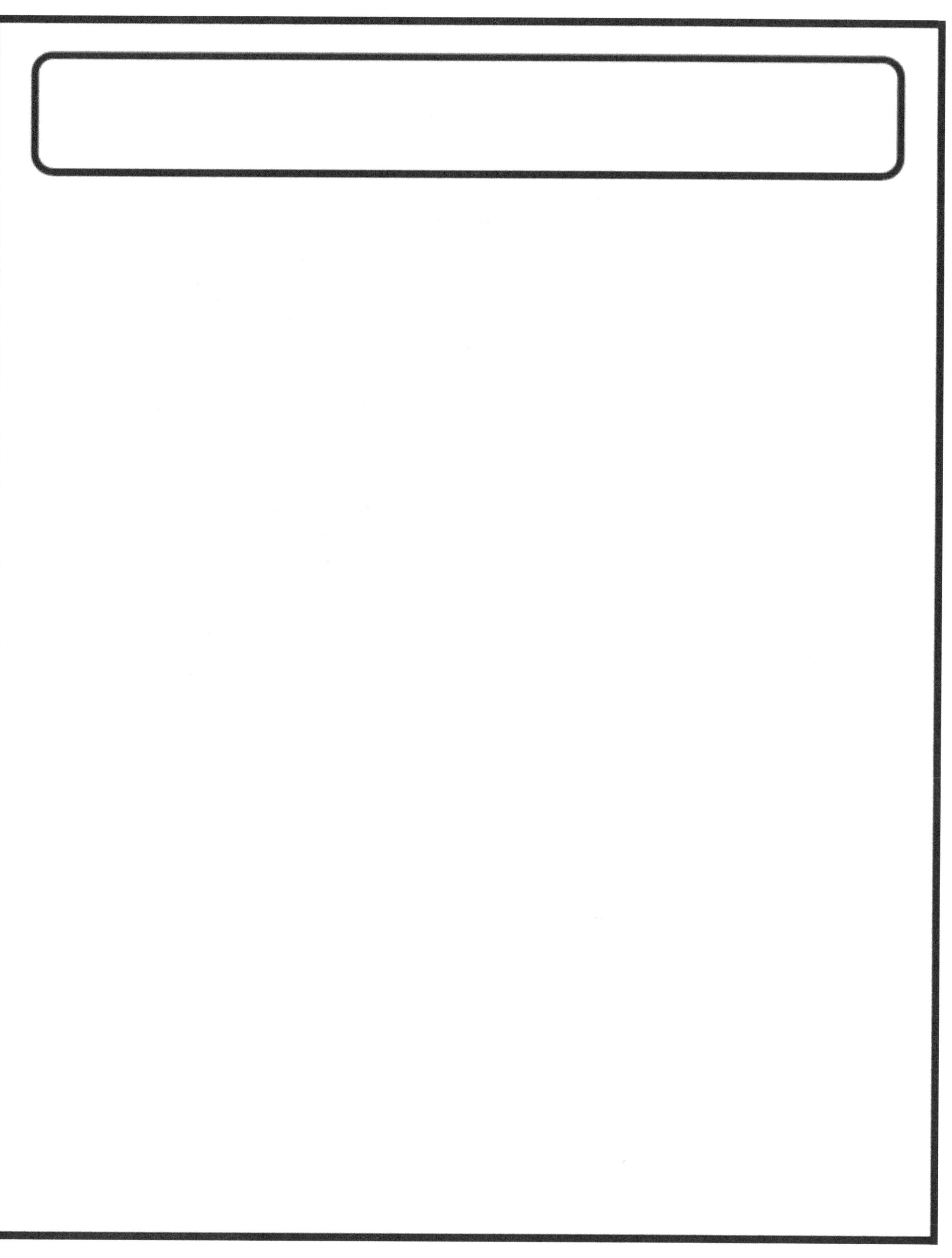

AUTOBÚS ESCOLAR LIBRO DE COLORANTE

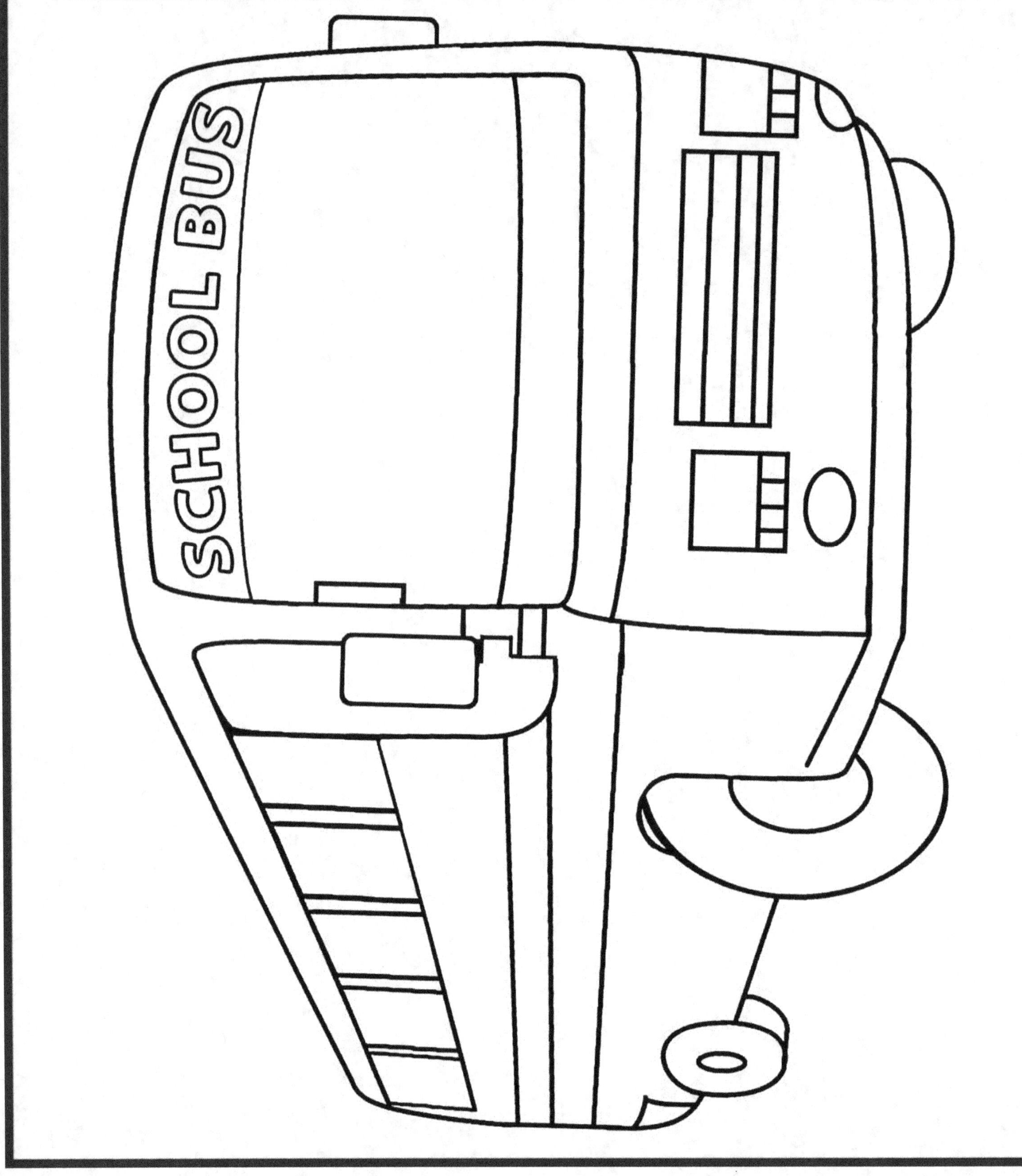

AUTOBÚS ESCOLAR LIBRO DE COLORANTE

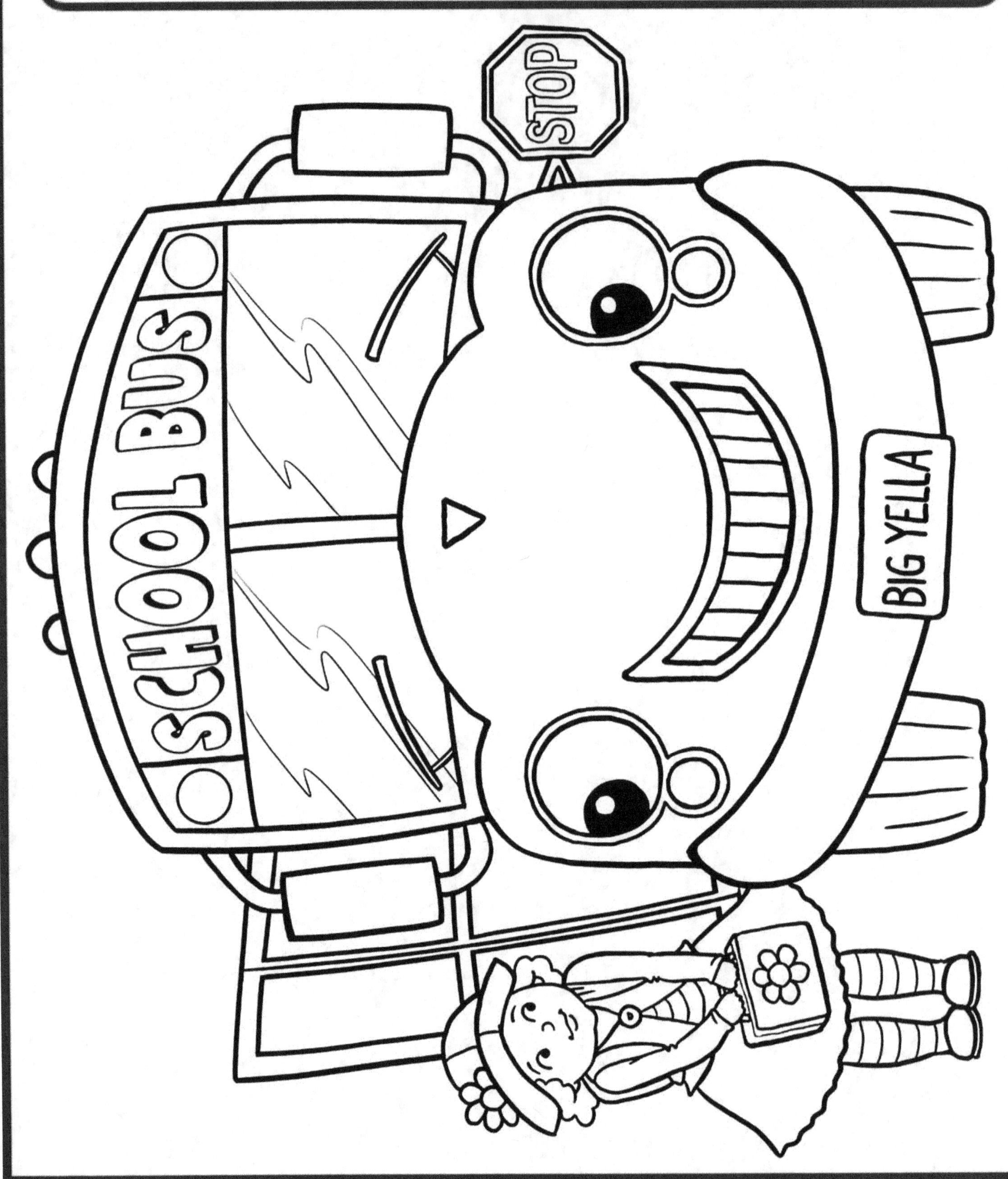

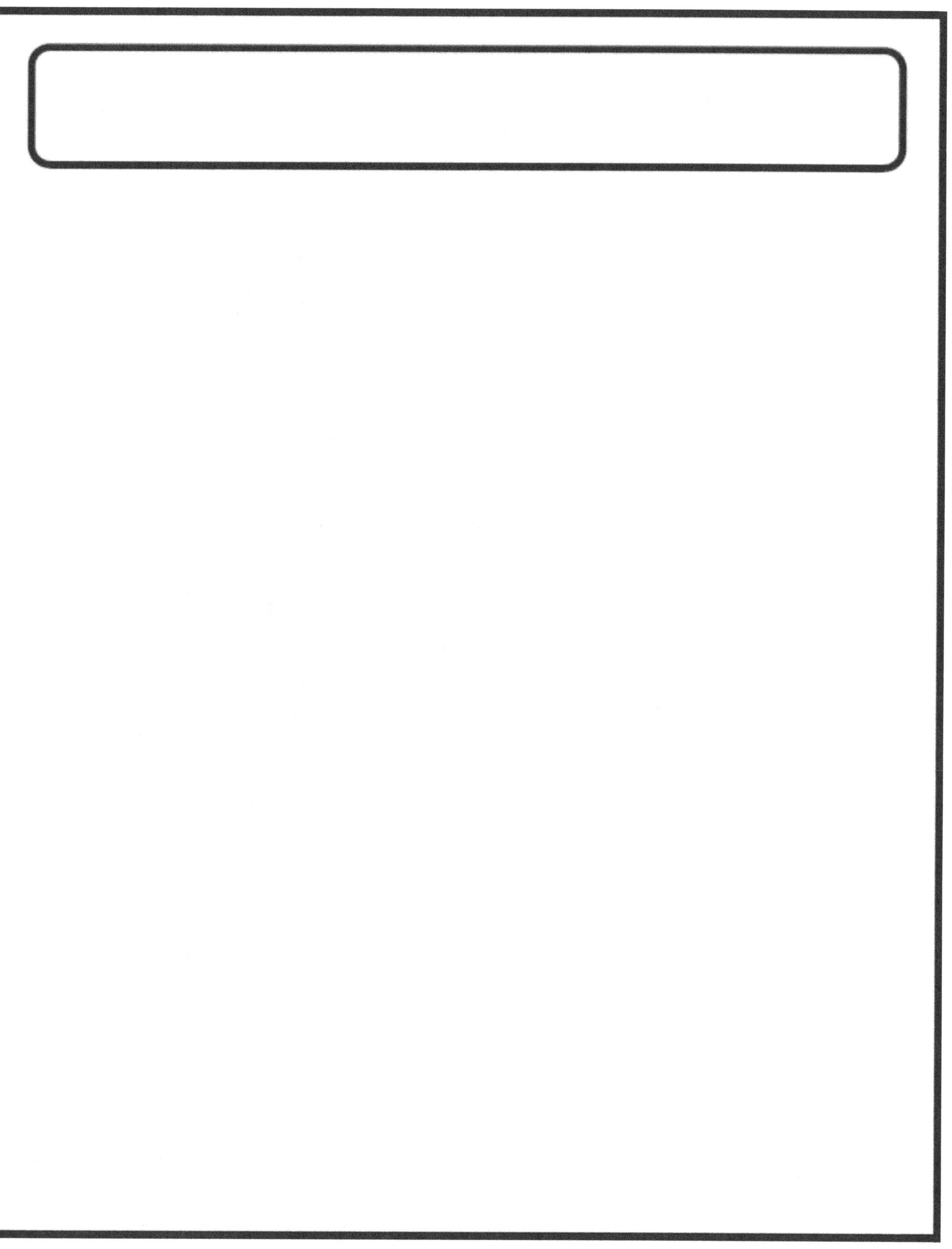

AUTOBÚS ESCOLAR LIBRO DE COLORANTE

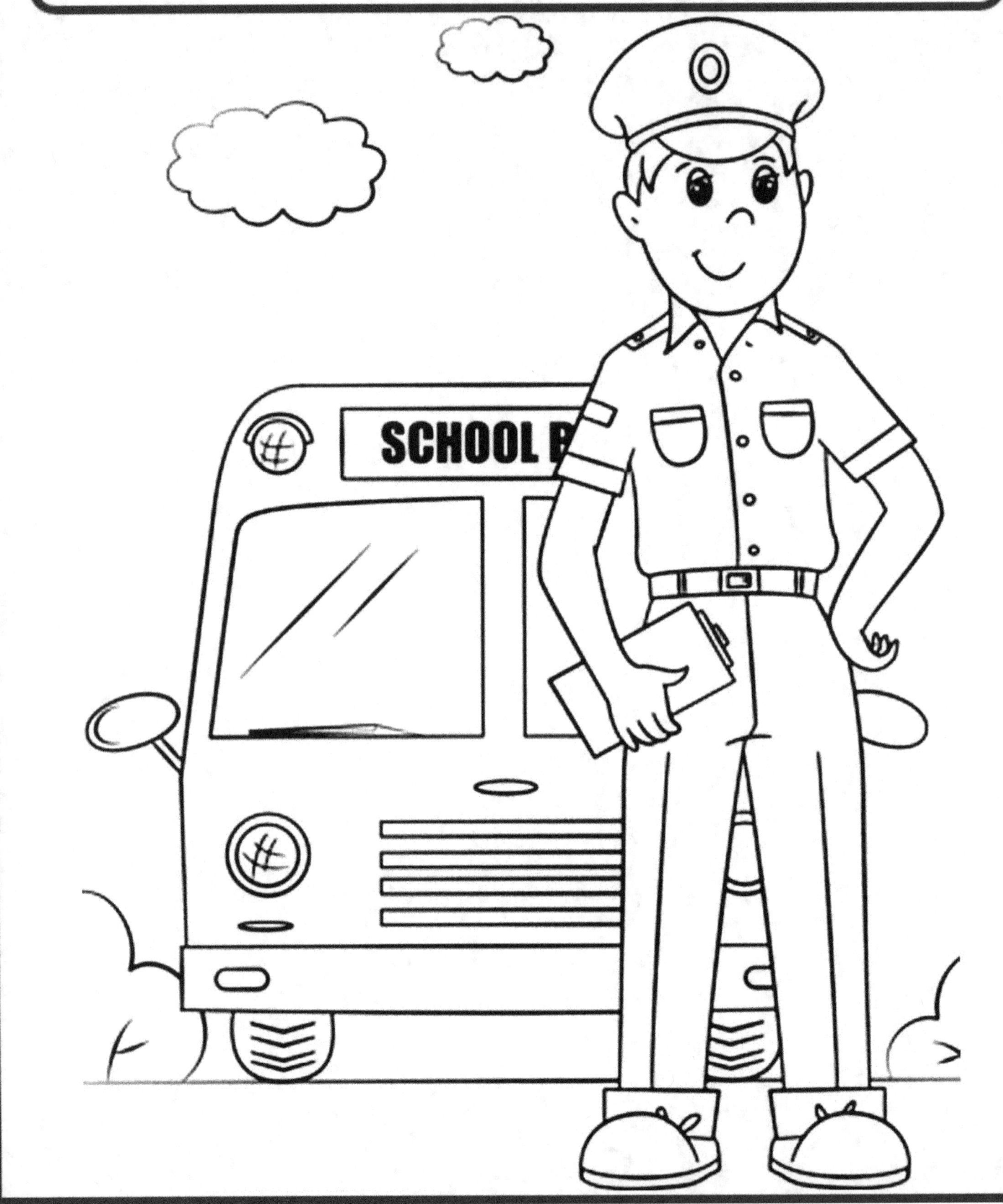

AUTOBÚS ESCOLAR LIBRO DE COLORANTE

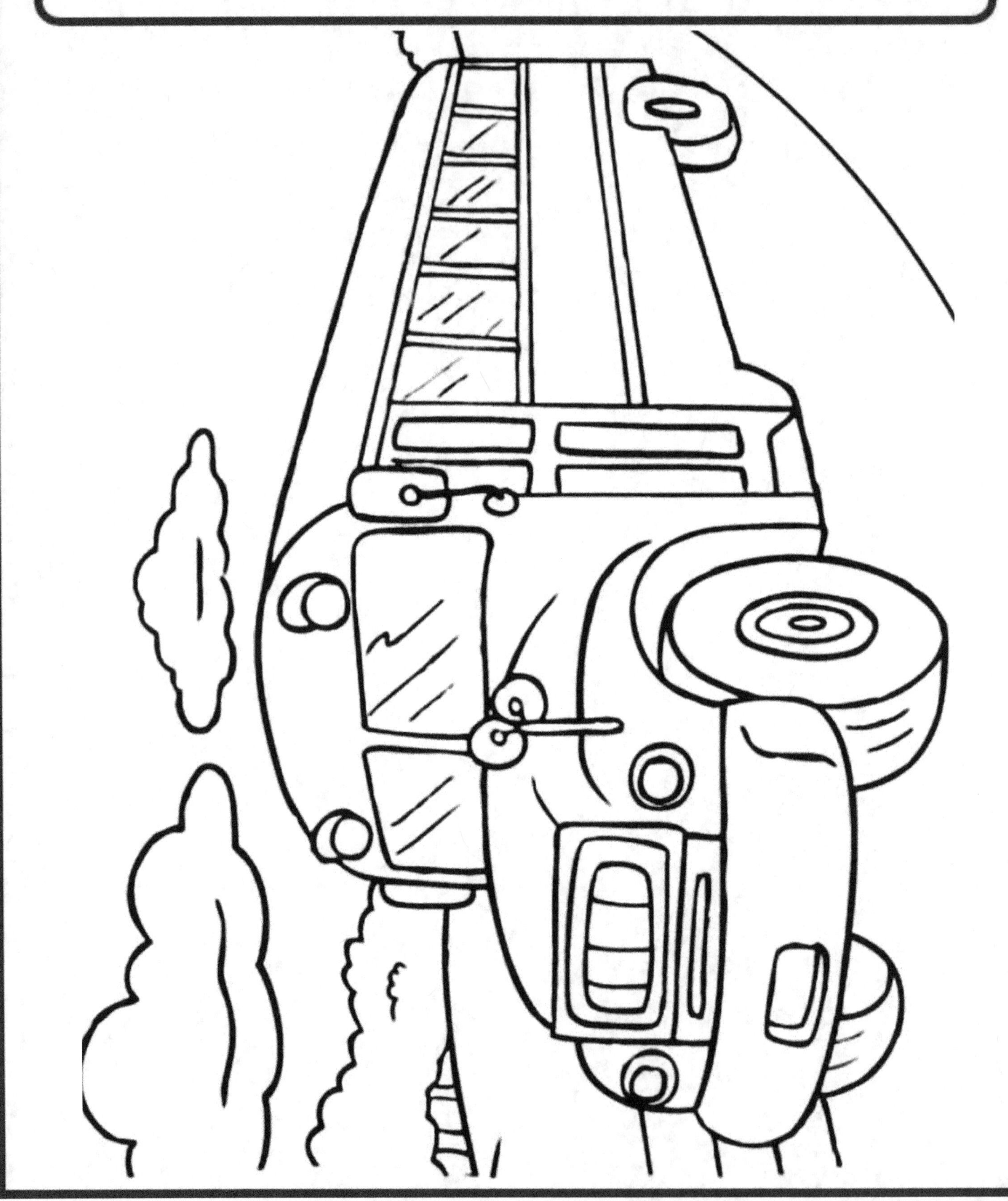

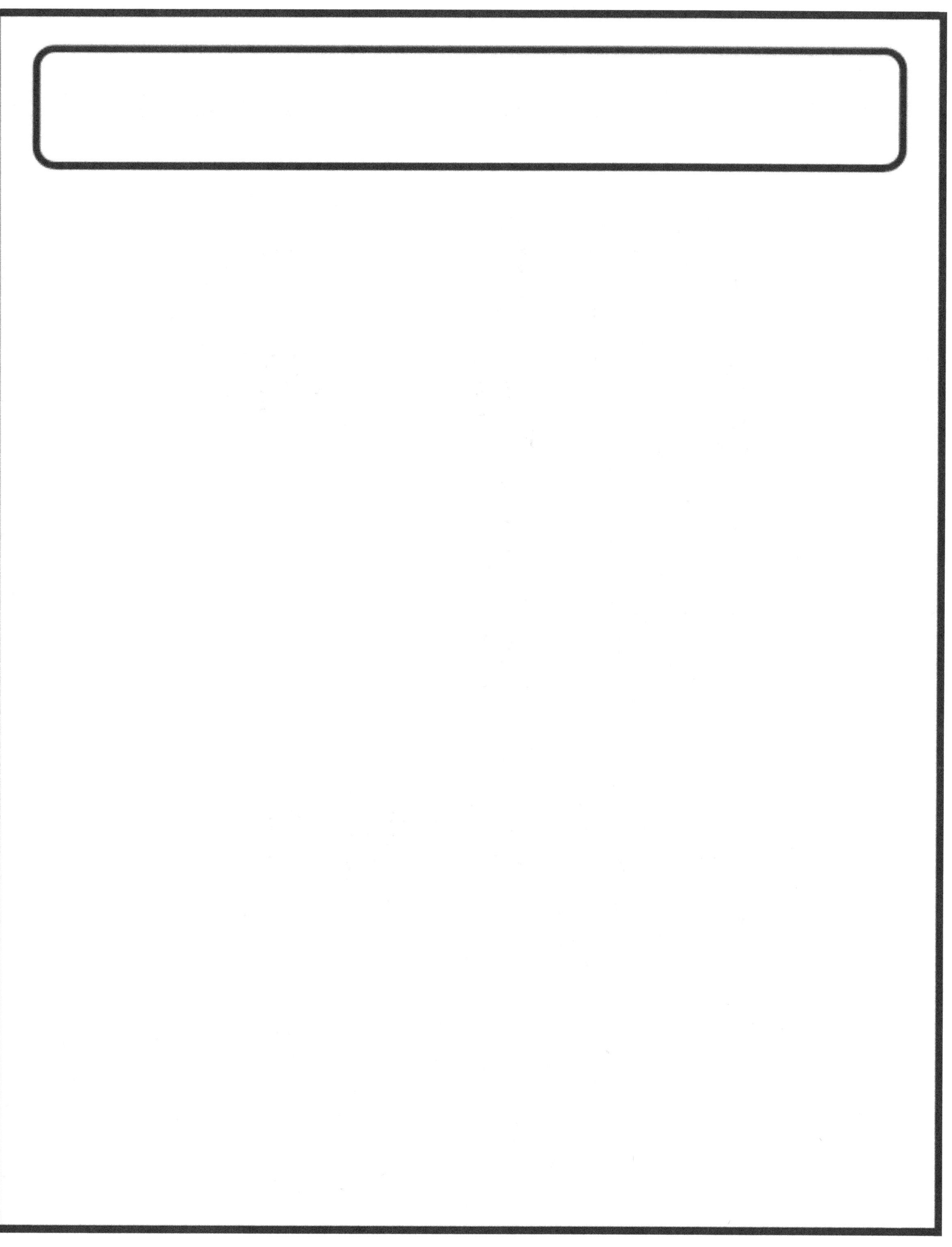

AUTOBÚS ESCOLAR LIBRO DE COLORANTE

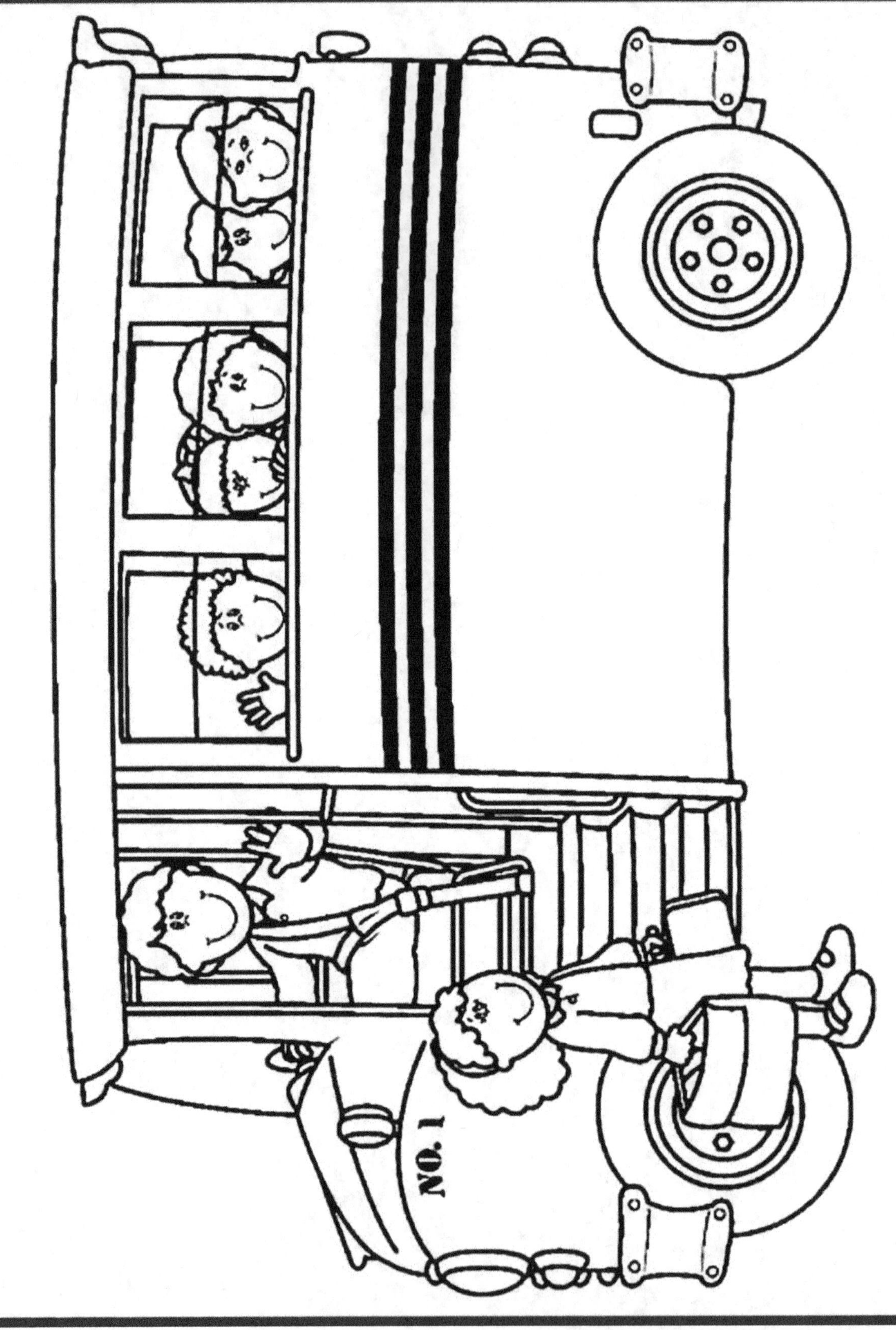

AUTOBÚS ESCOLAR LIBRO DE COLORANTE

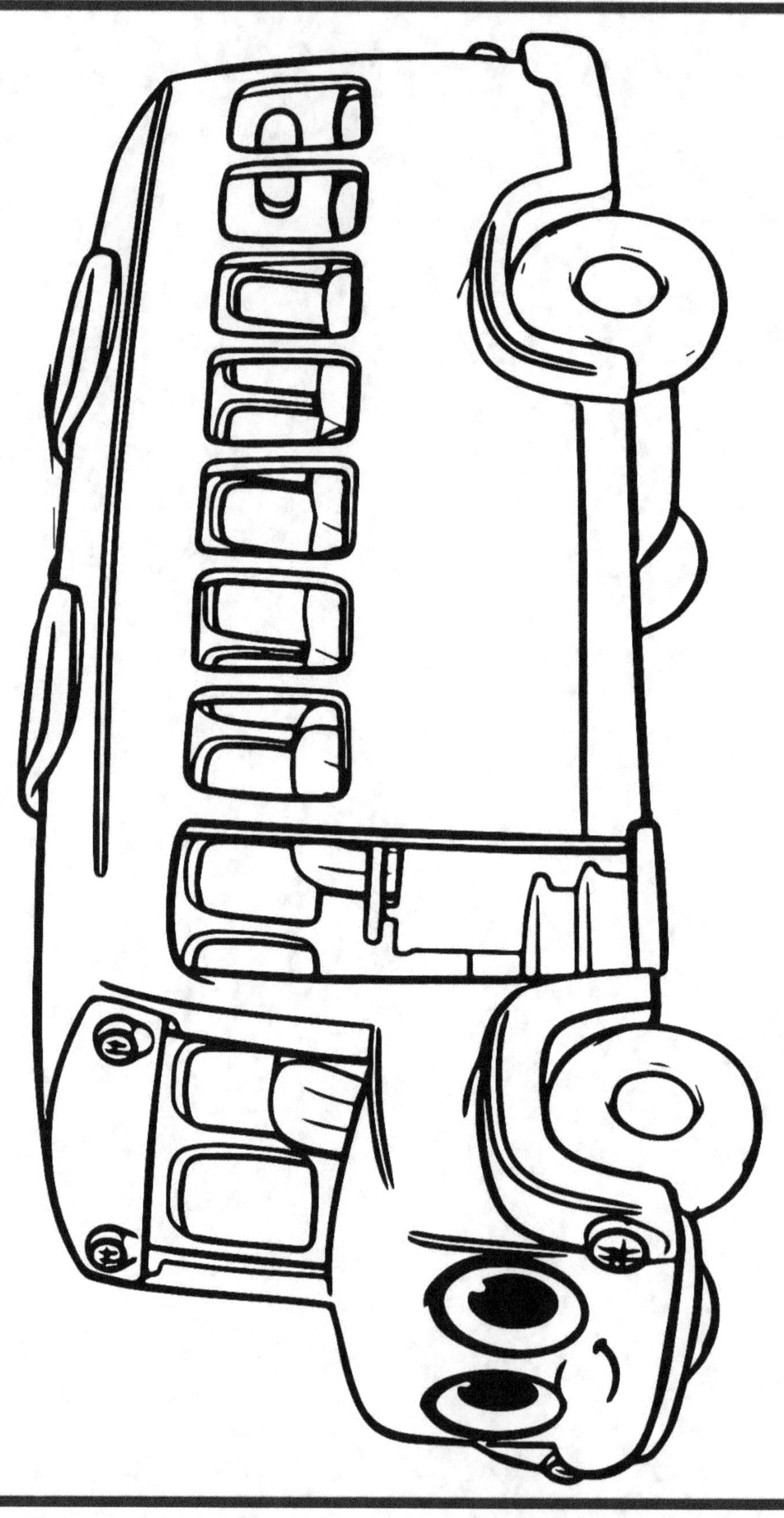

AUTOBÚS ESCOLAR LIBRO DE COLORANTE

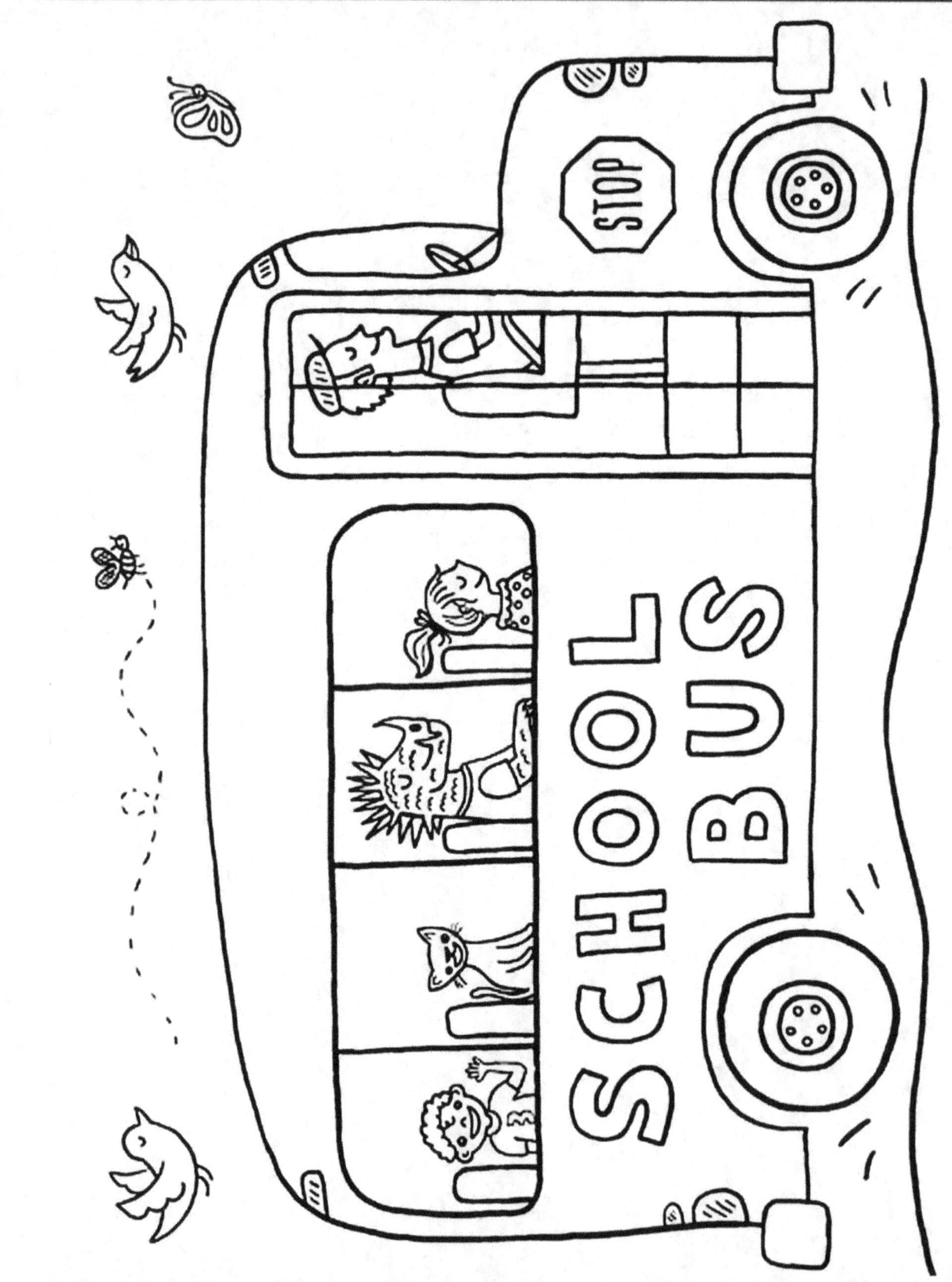

AUTOBÚS ESCOLAR LIBRO DE COLORANTE

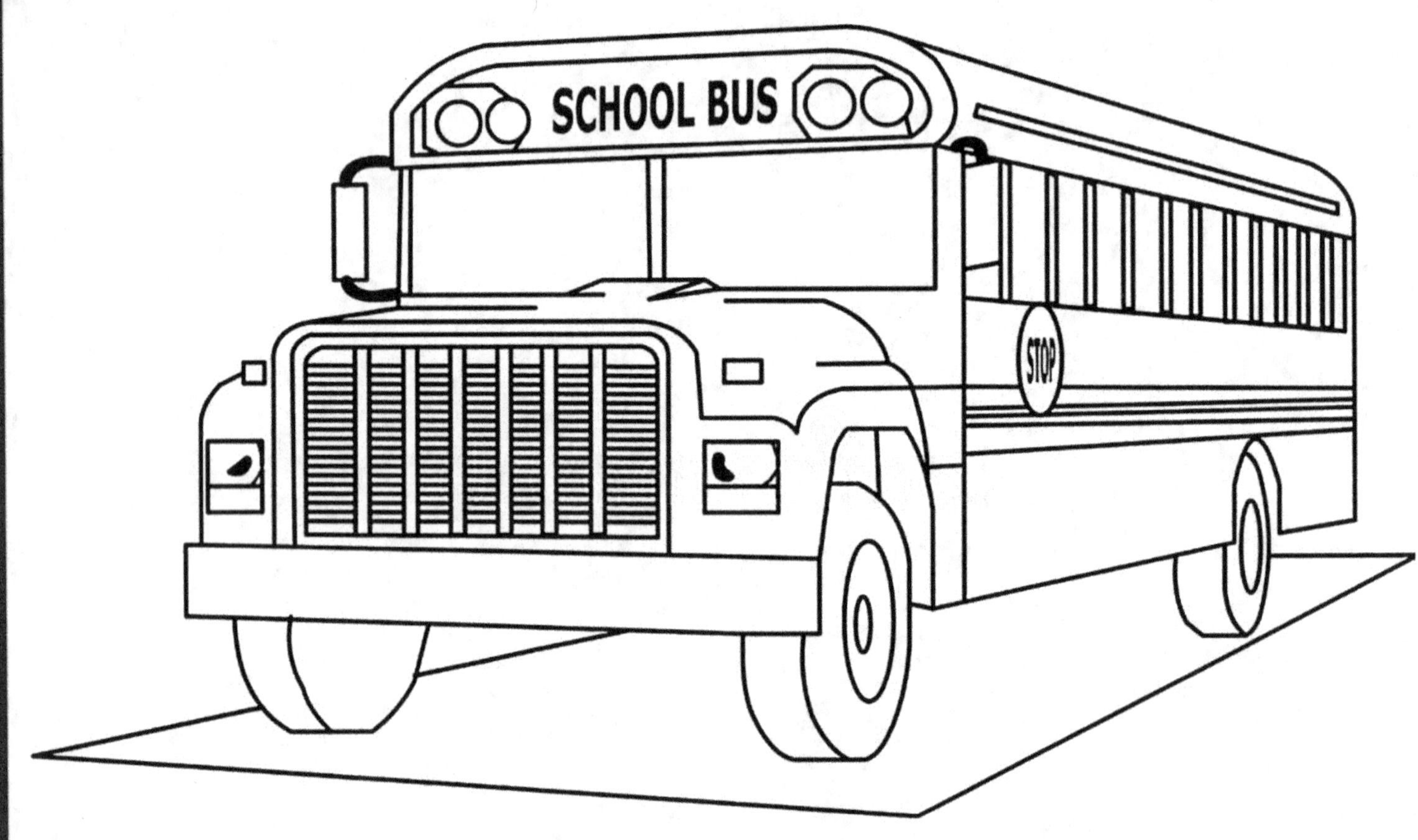

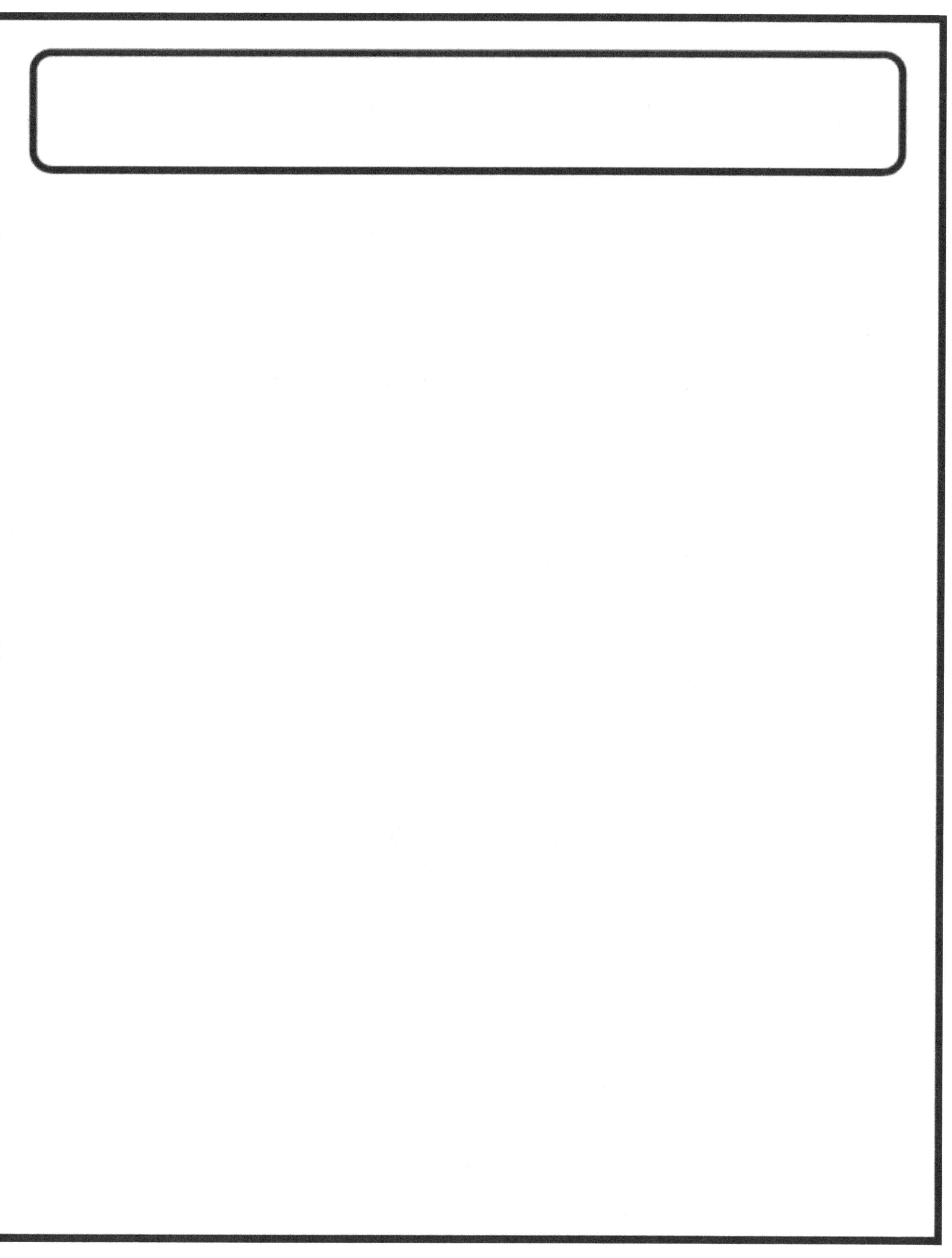

AUTOBÚS ESCOLAR LIBRO DE COLORANTE

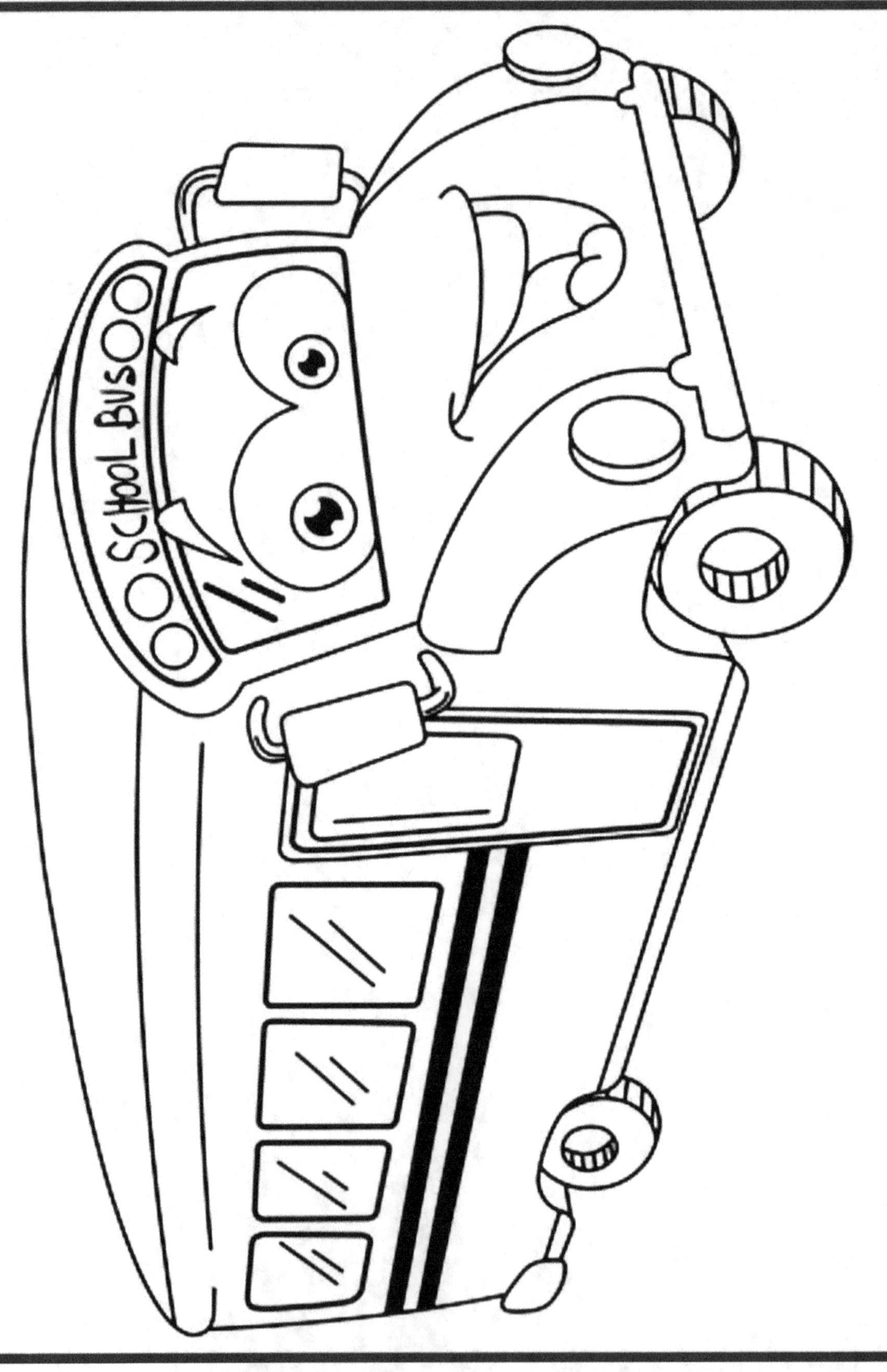

AUTOBÚS ESCOLAR LIBRO DE COLORANTE

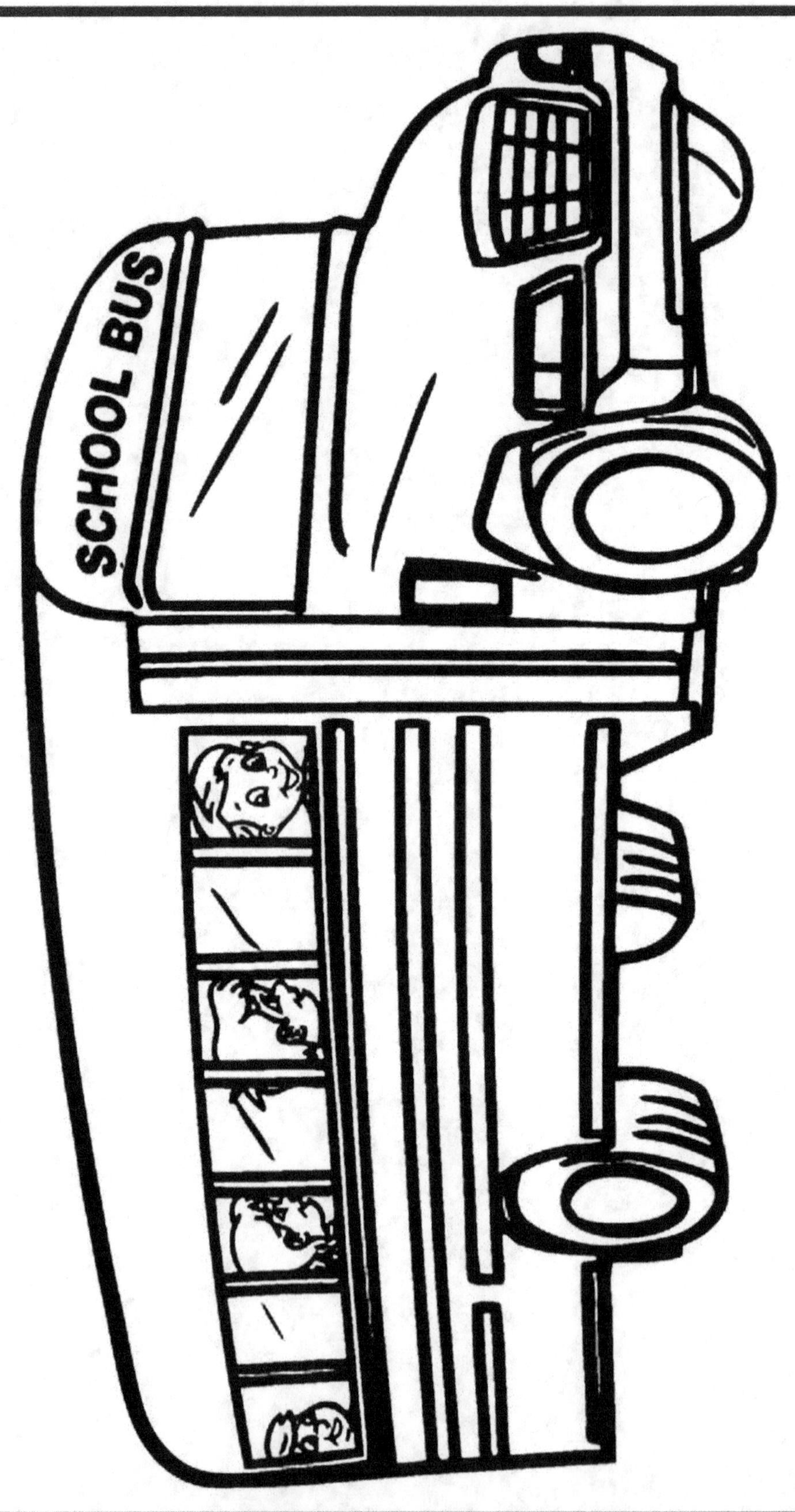

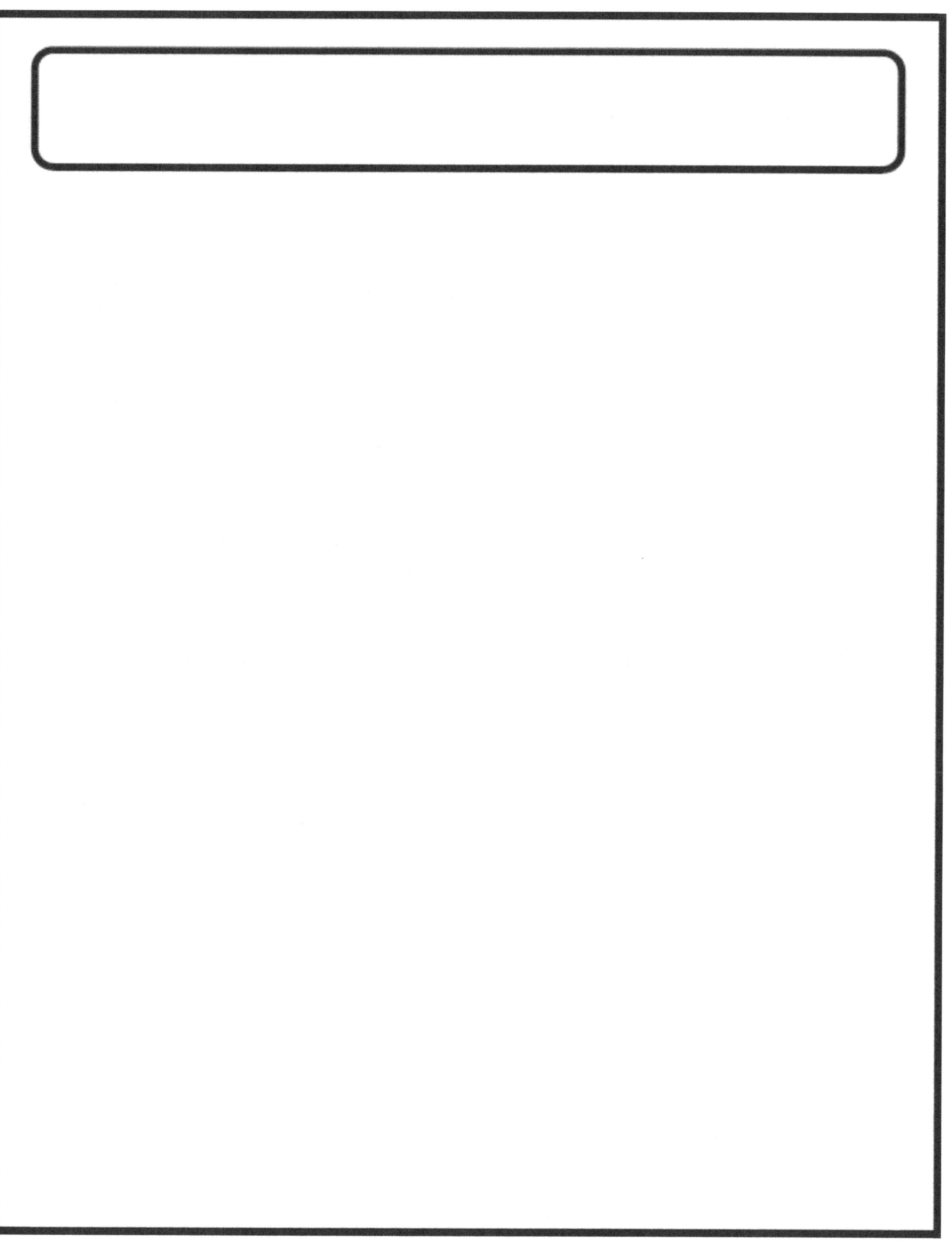

AUTOBÚS ESCOLAR LIBRO DE COLORANTE

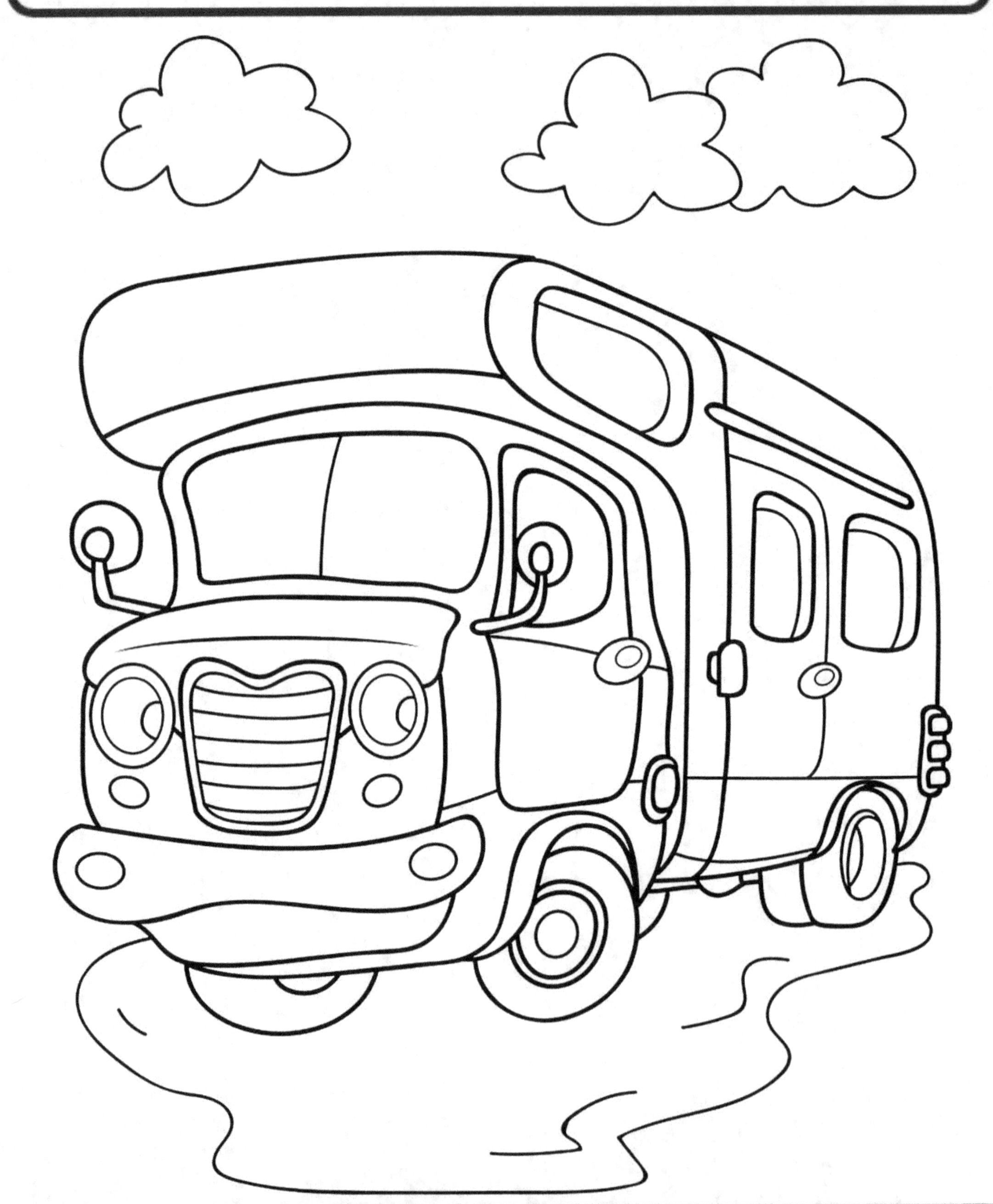

AUTOBÚS ESCOLAR LIBRO DE COLORANTE

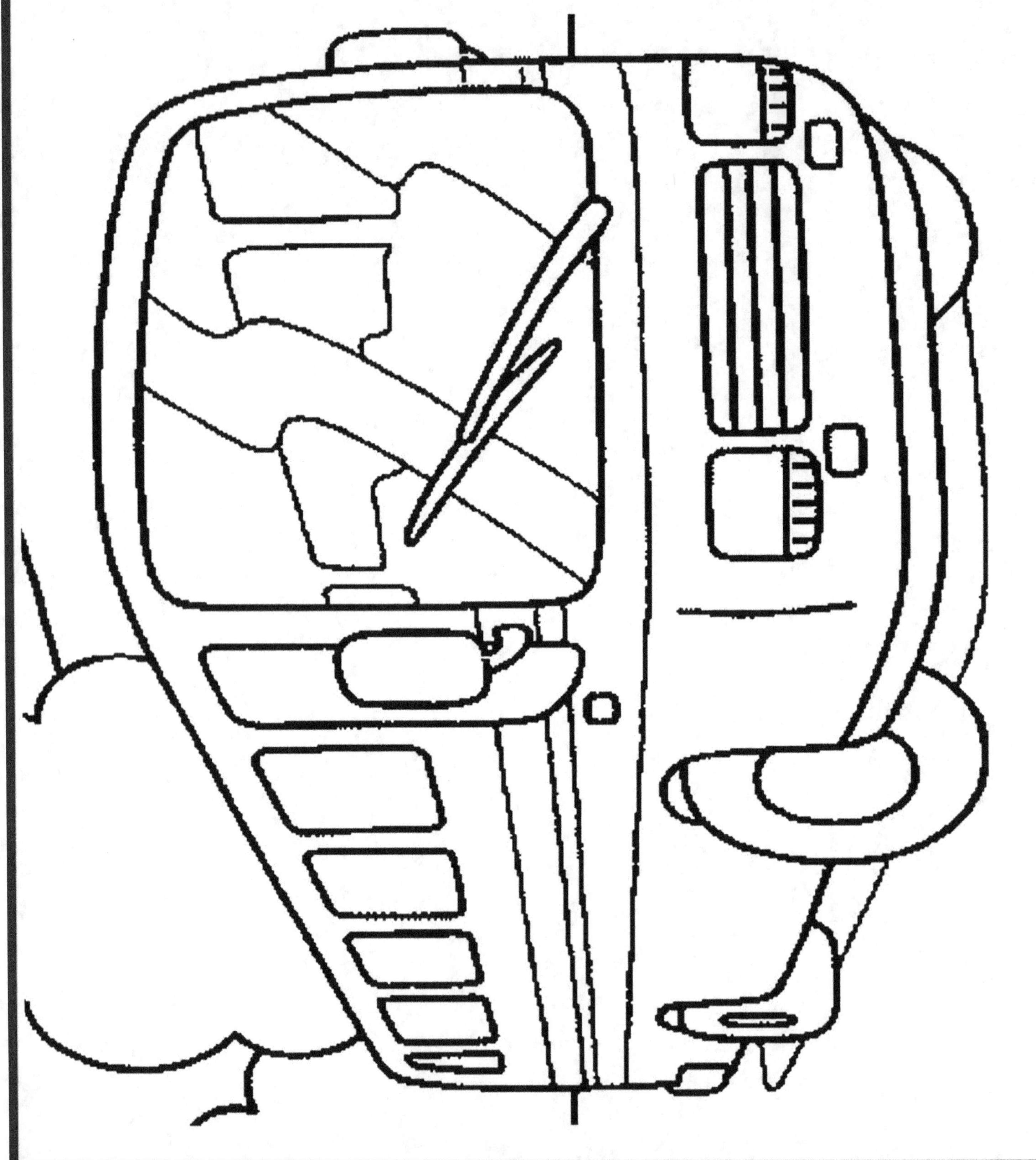

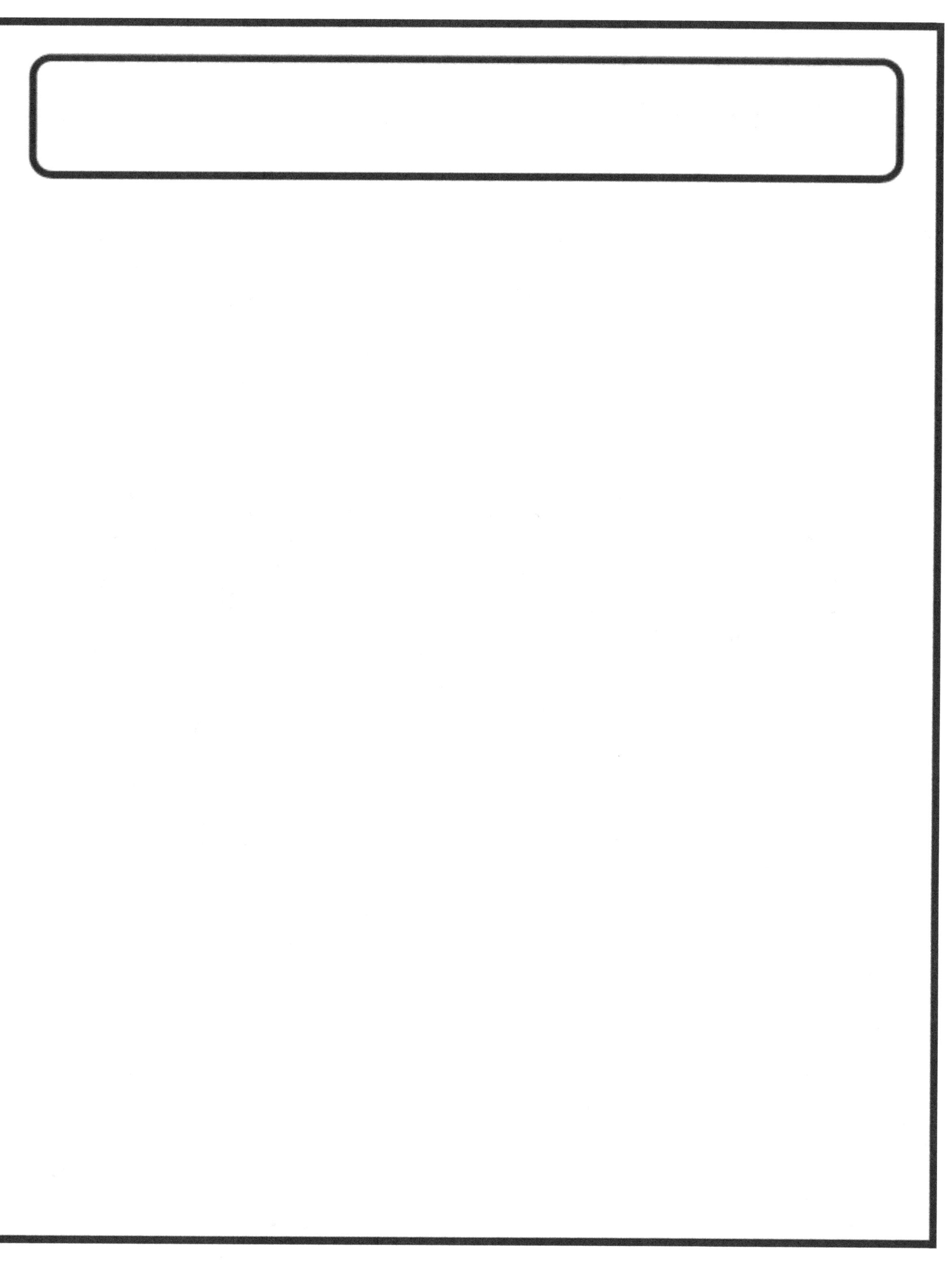

AUTOBÚS ESCOLAR LIBRO DE COLORANTE

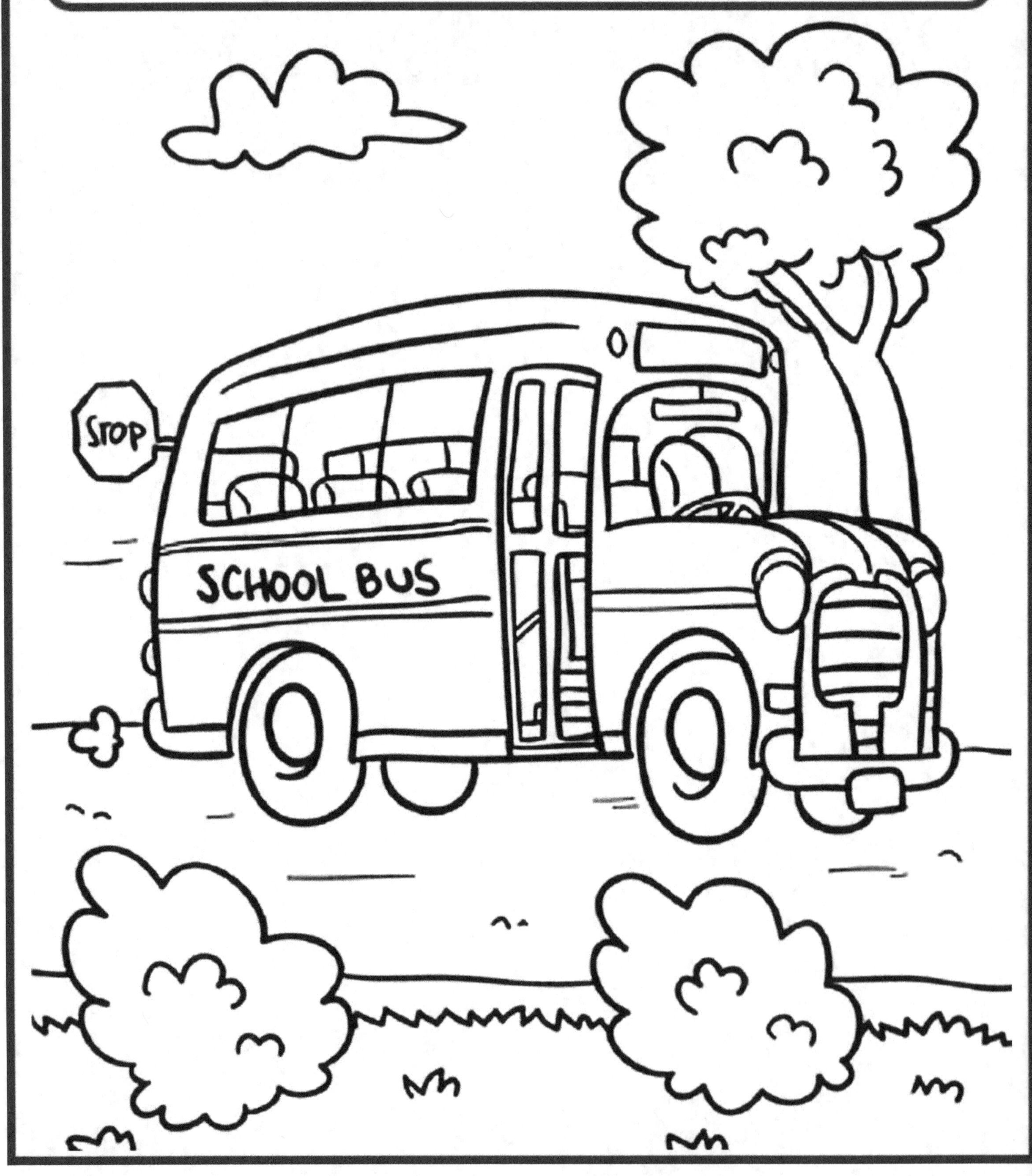

Srop
SCHOOL BUS

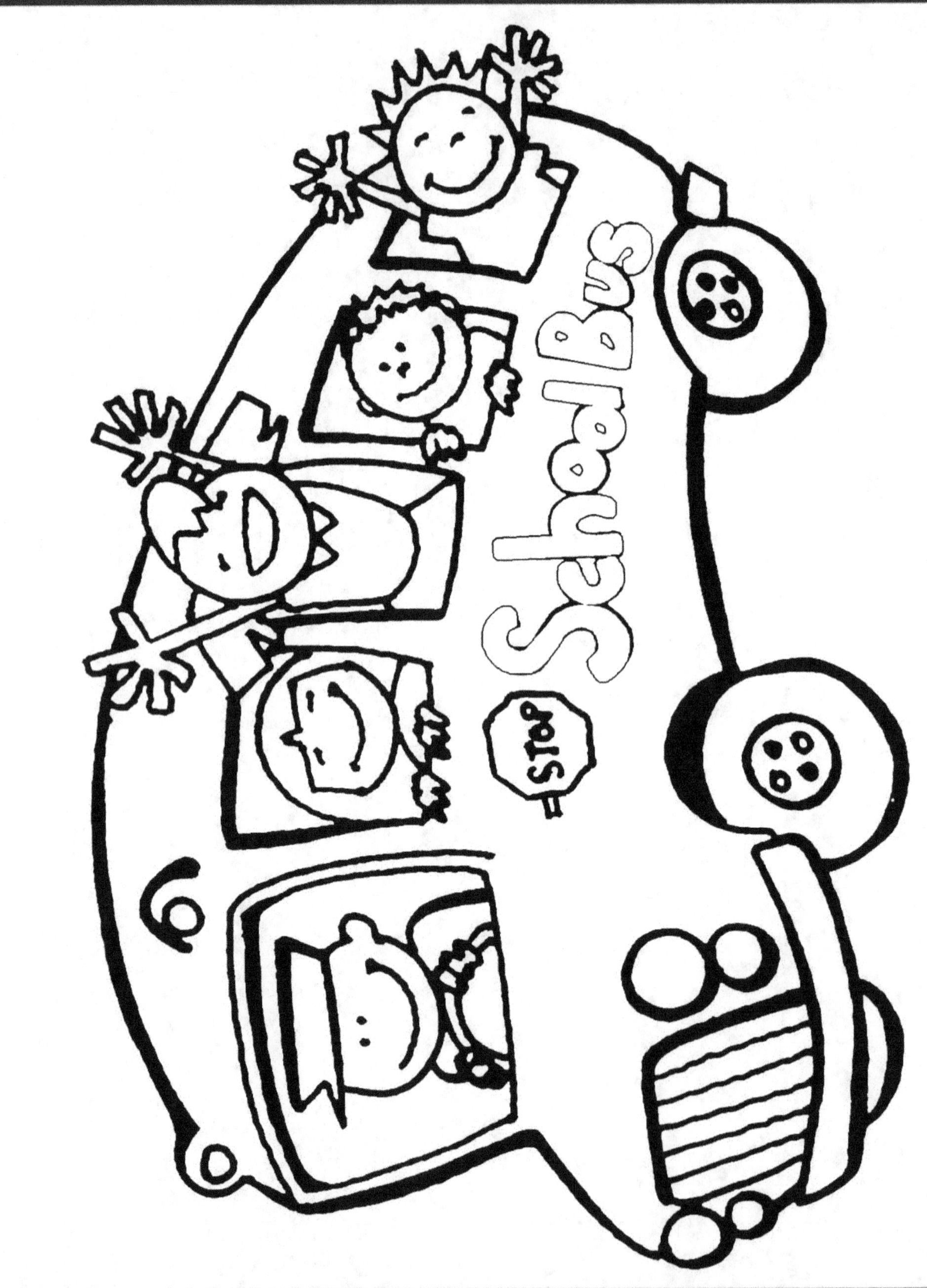

School Bus
Stop

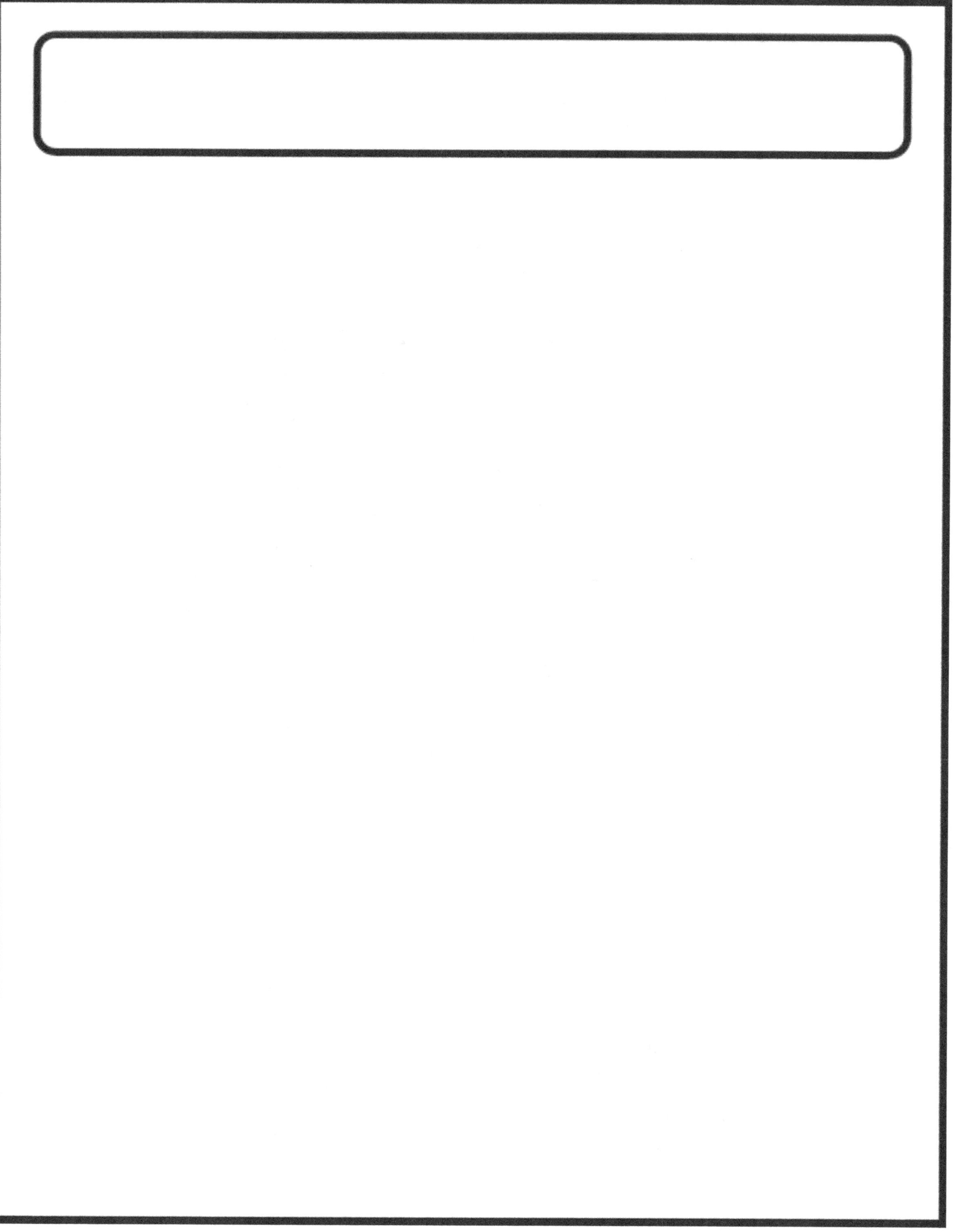

AUTOBÚS ESCOLAR LIBRO DE COLORANTE

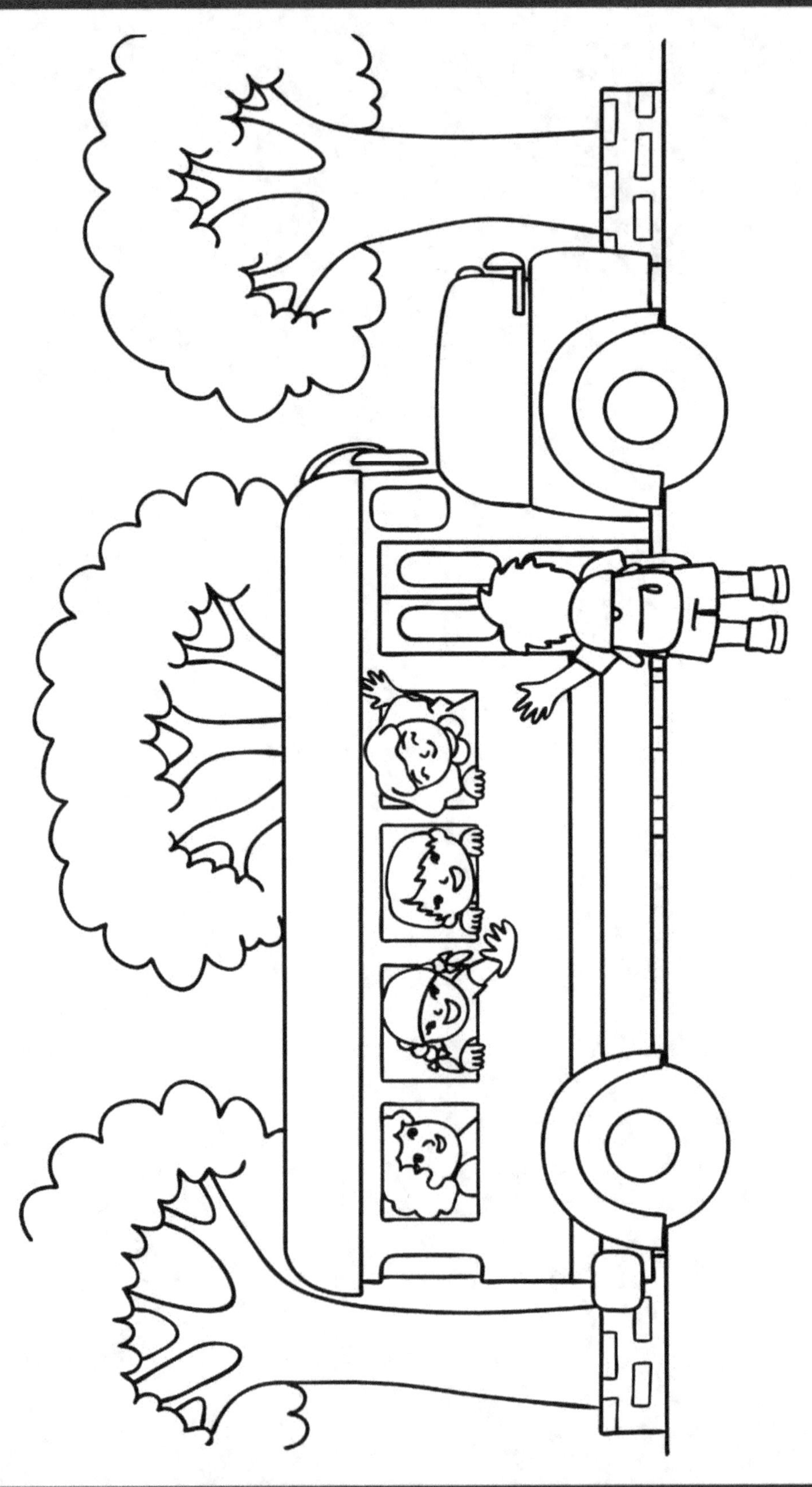

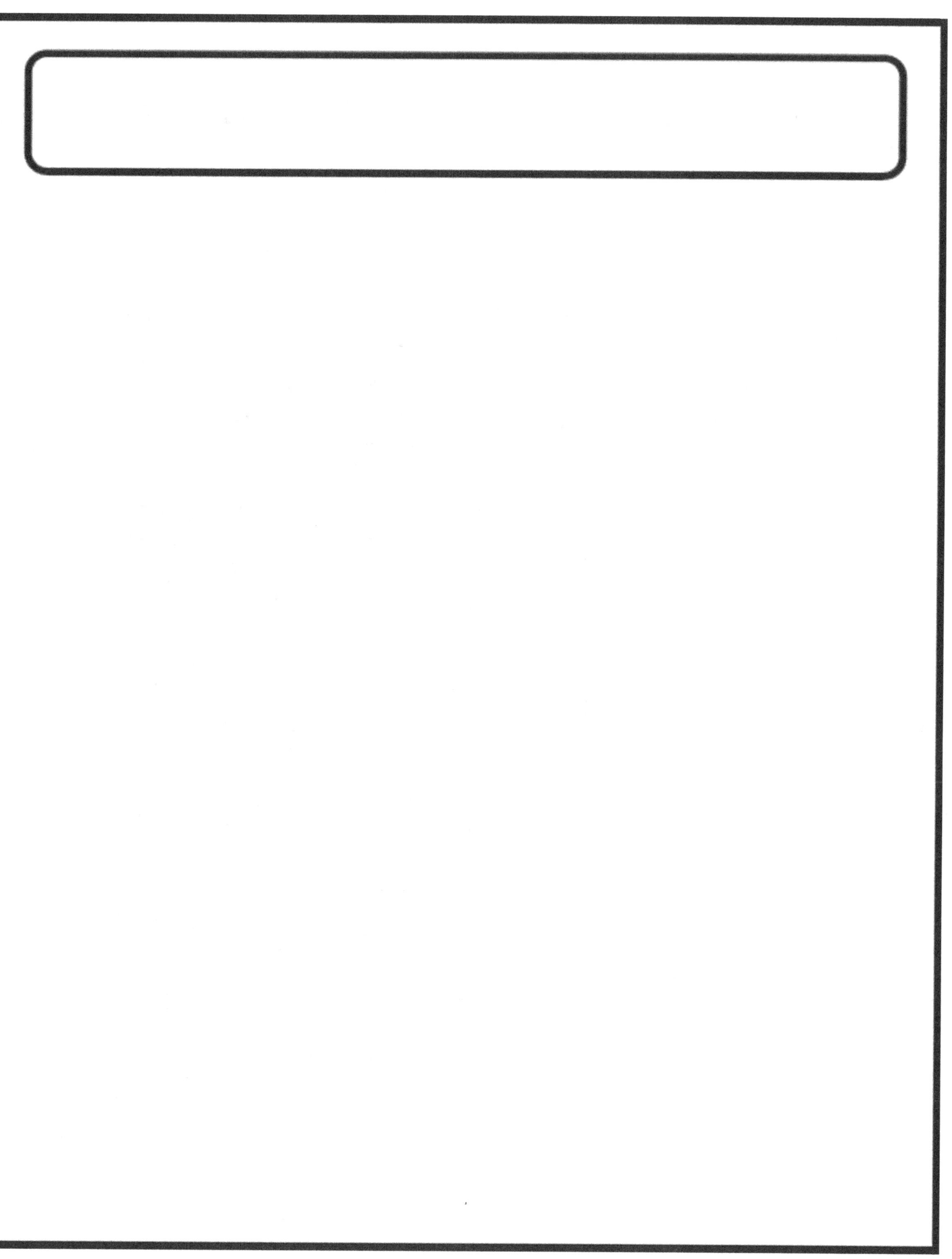

AUTOBÚS ESCOLAR LIBRO DE COLORANTE

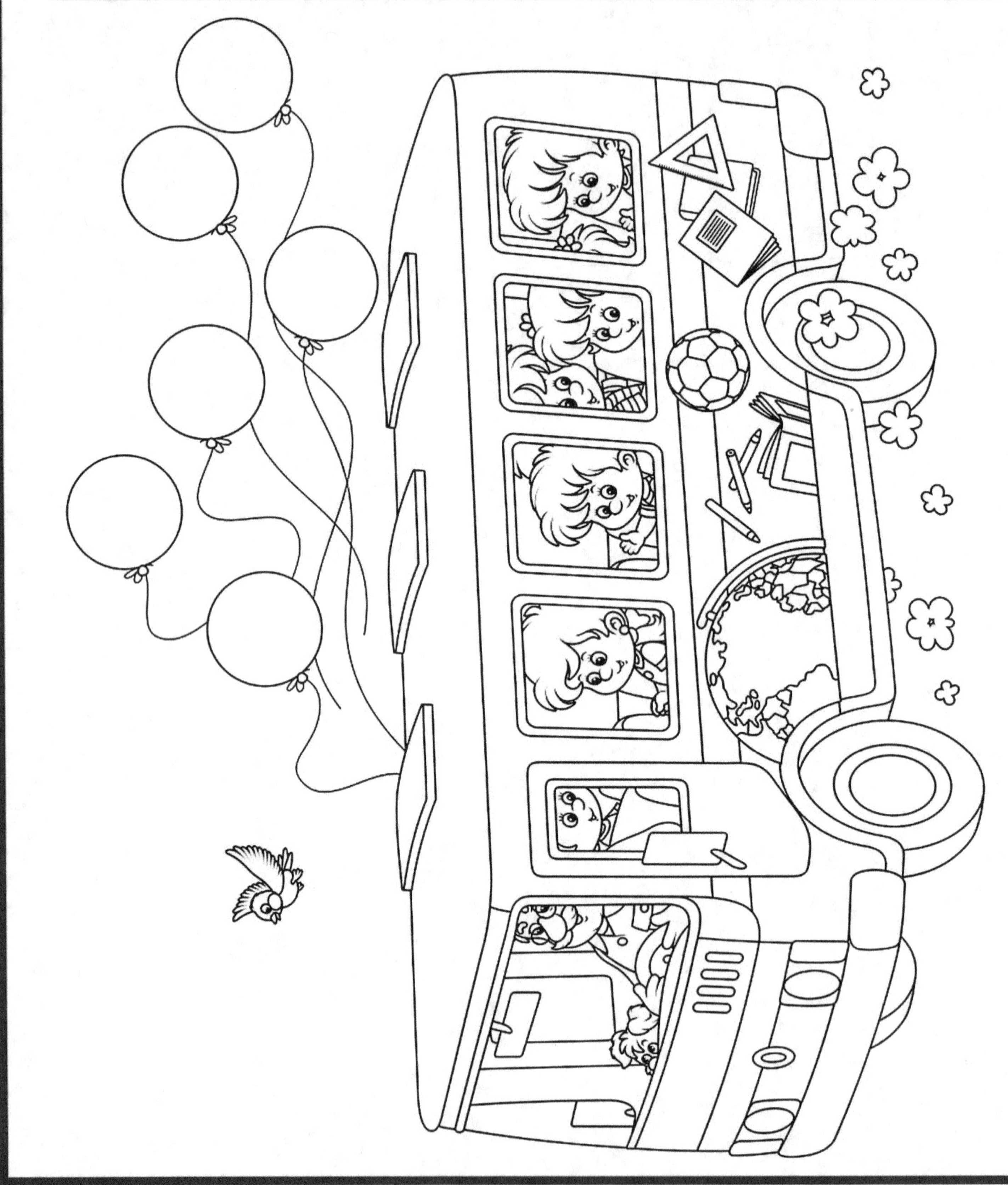

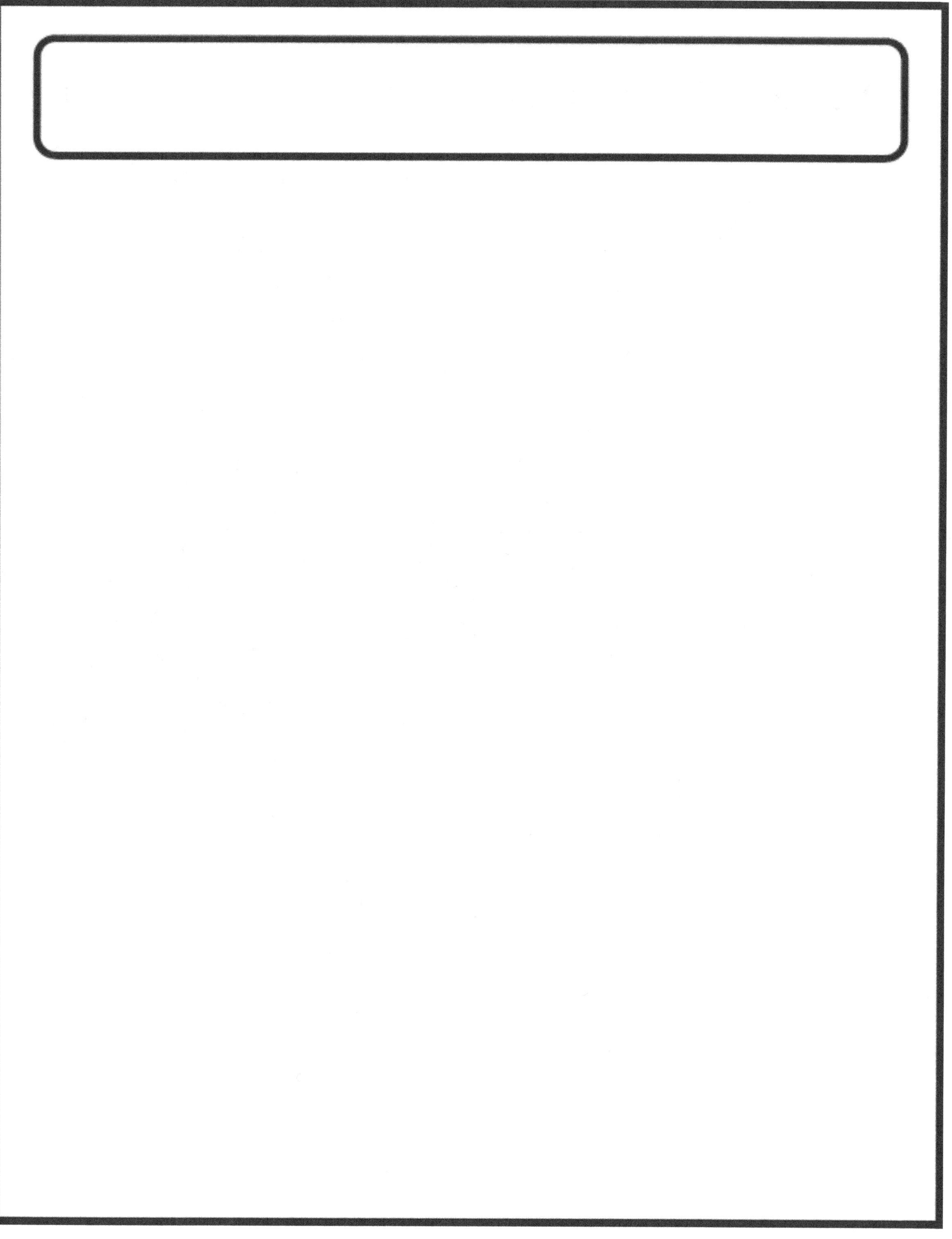

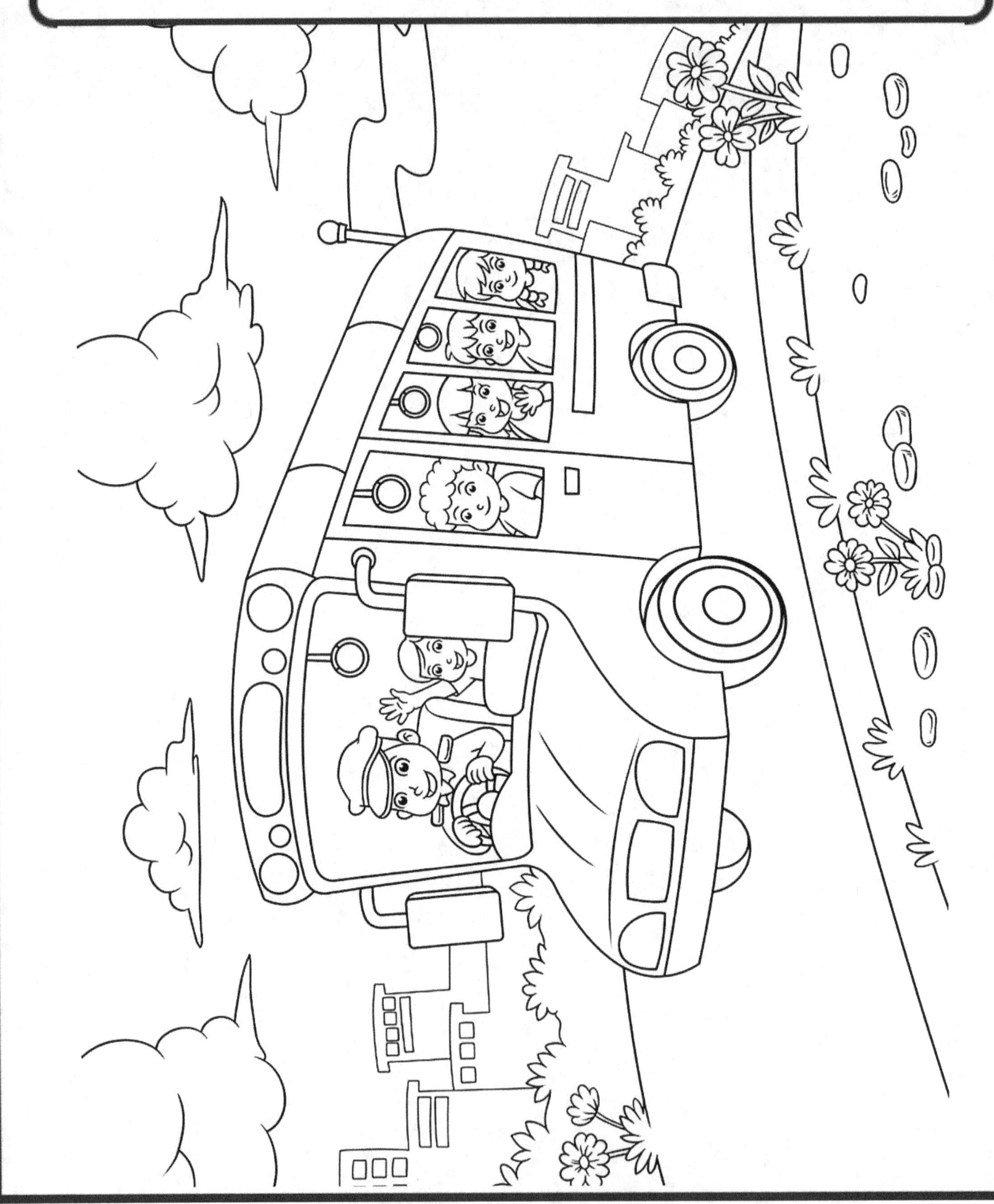

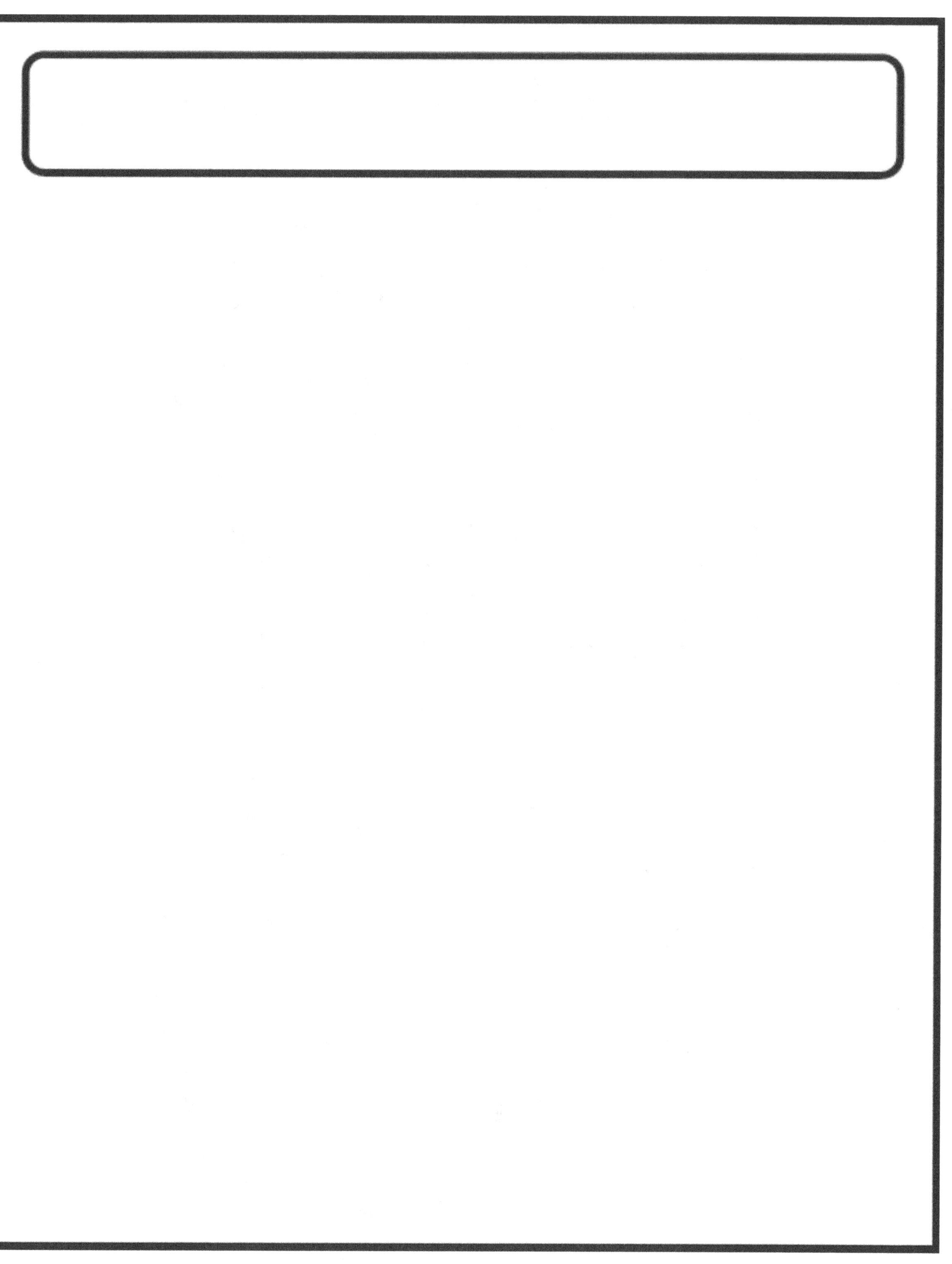

AUTOBÚS ESCOLAR LIBRO DE COLORANTE

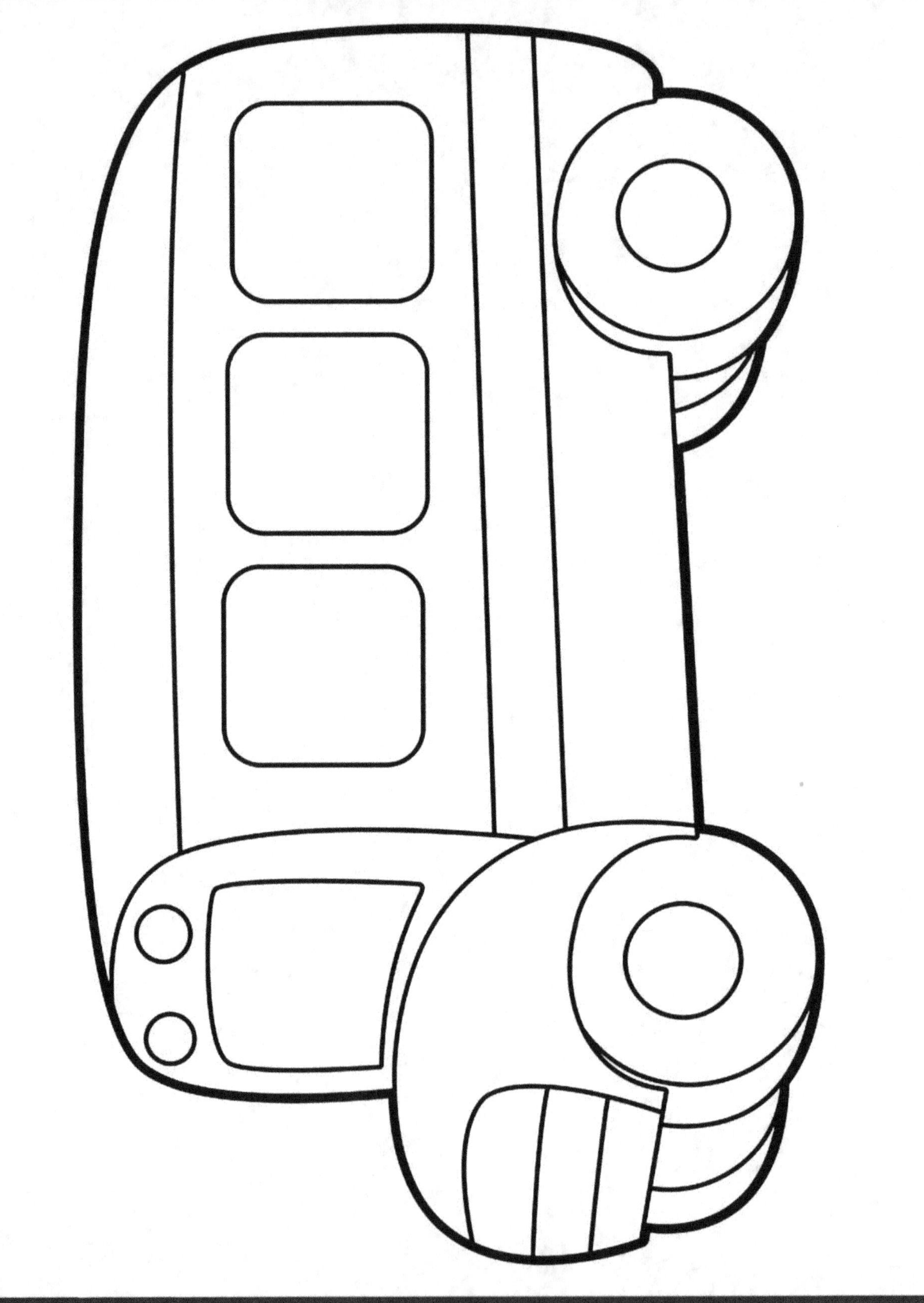

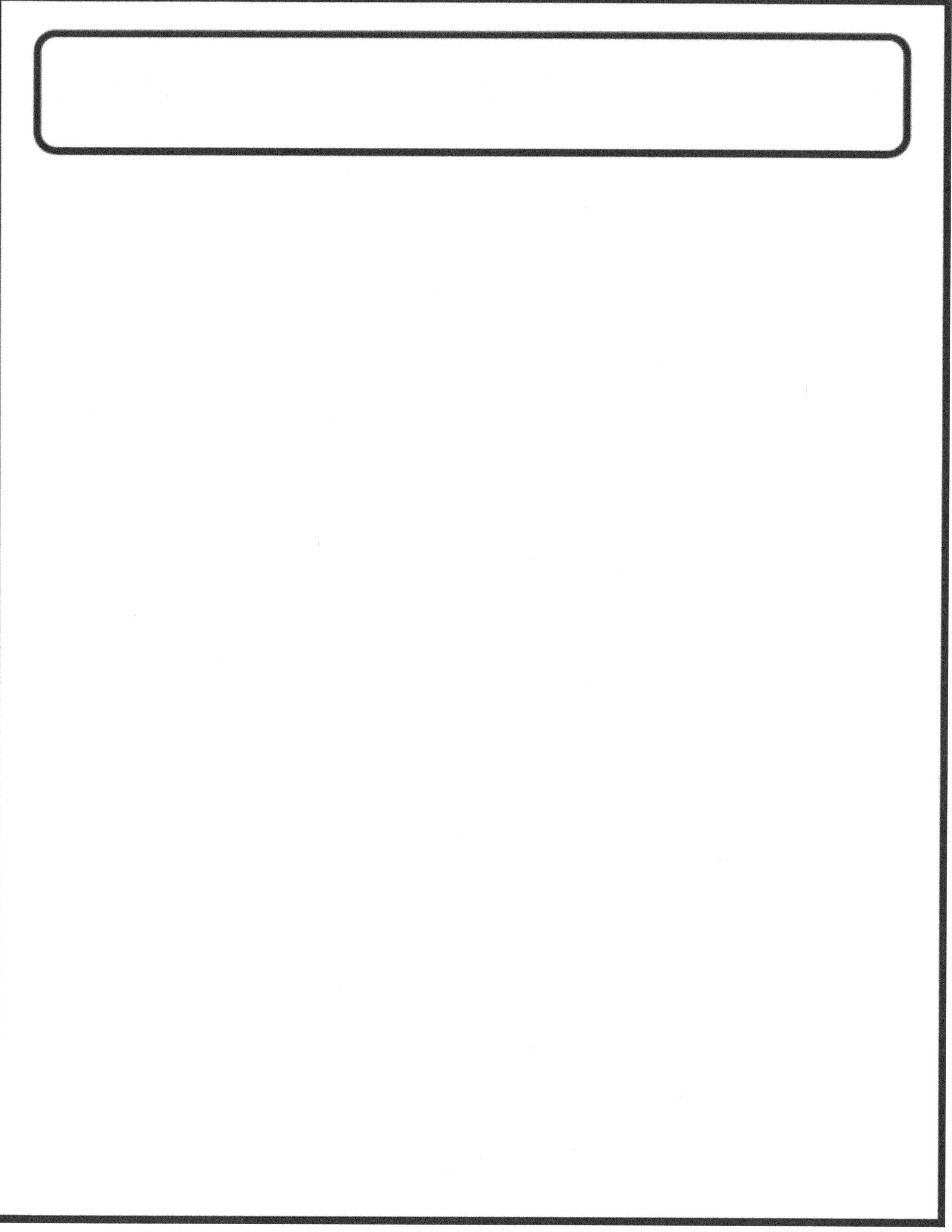

AUTOBÚS ESCOLAR LIBRO DE COLORANTE

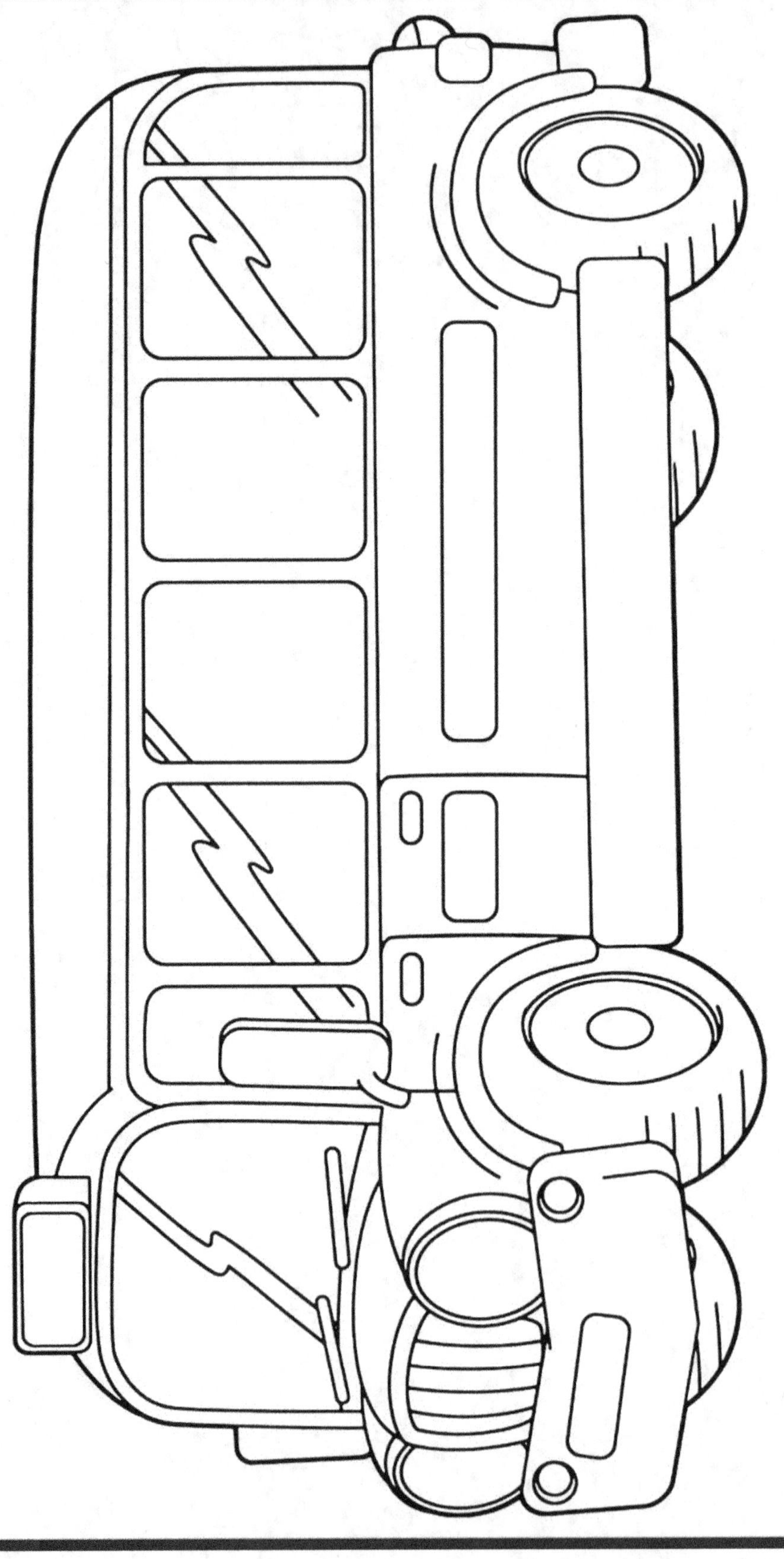

AUTOBÚS ESCOLAR LIBRO DE COLORANTE

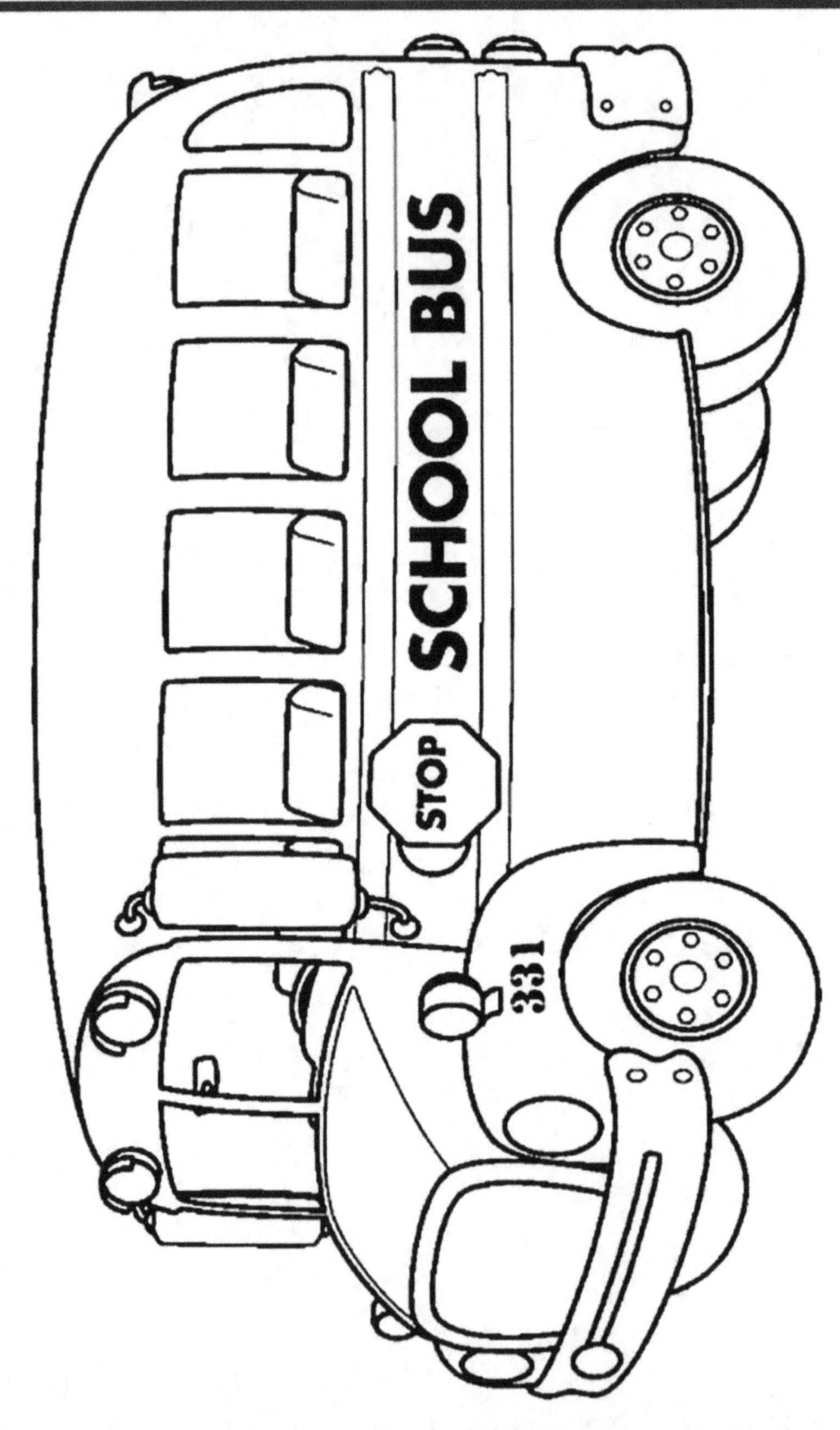

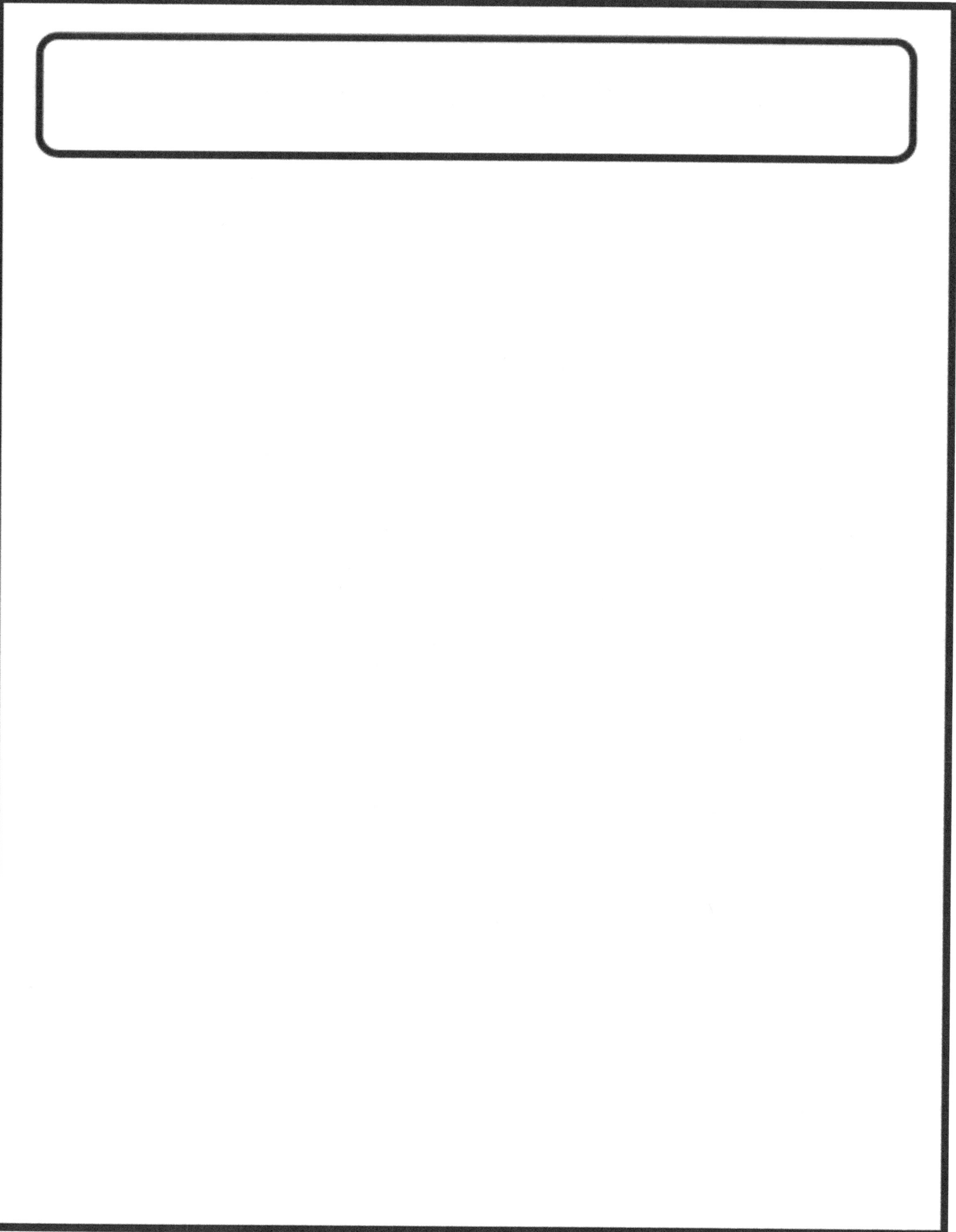

AUTOBÚS ESCOLAR LIBRO DE COLORANTE

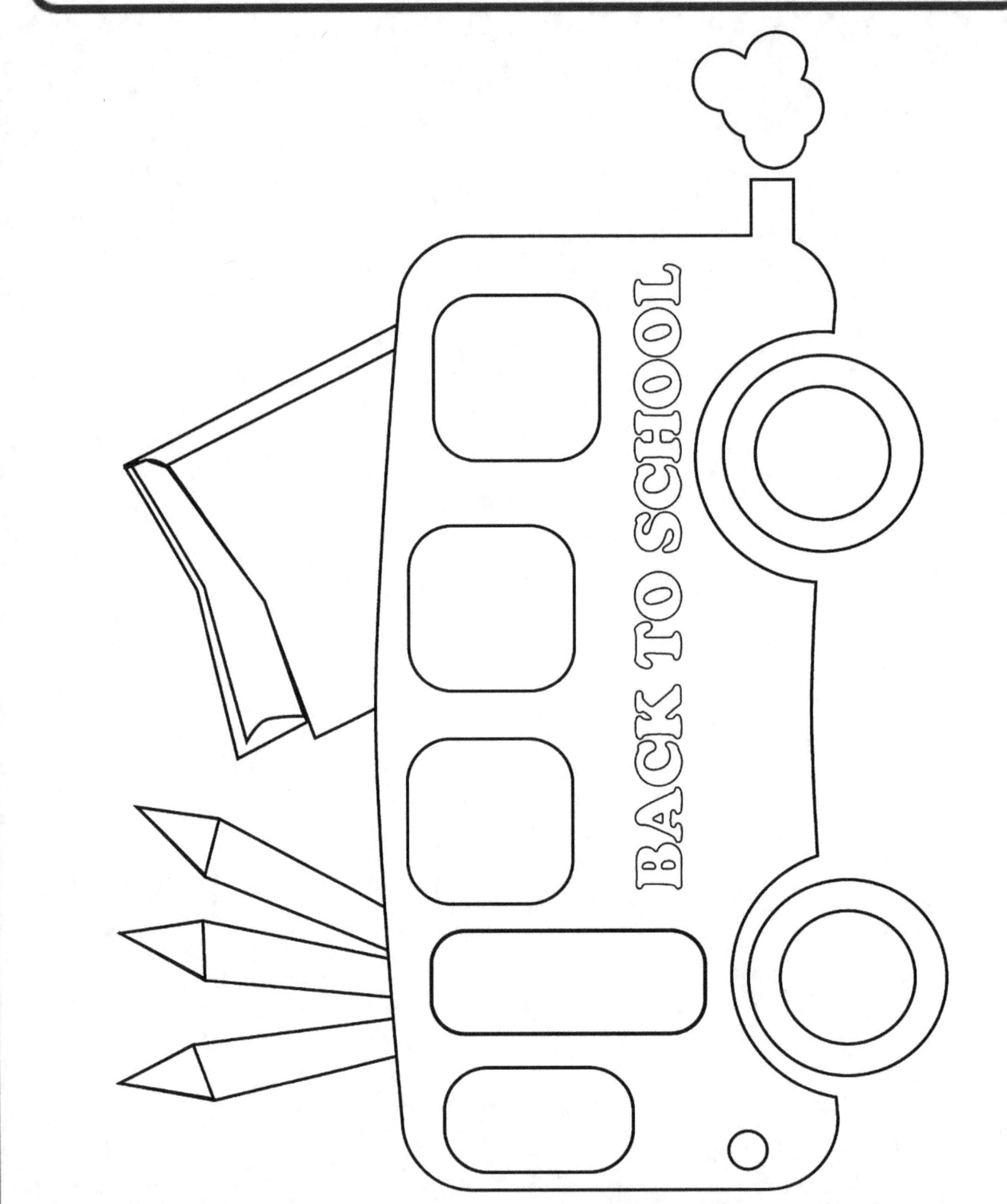

AUTOBÚS ESCOLAR LIBRO DE COLORANTE

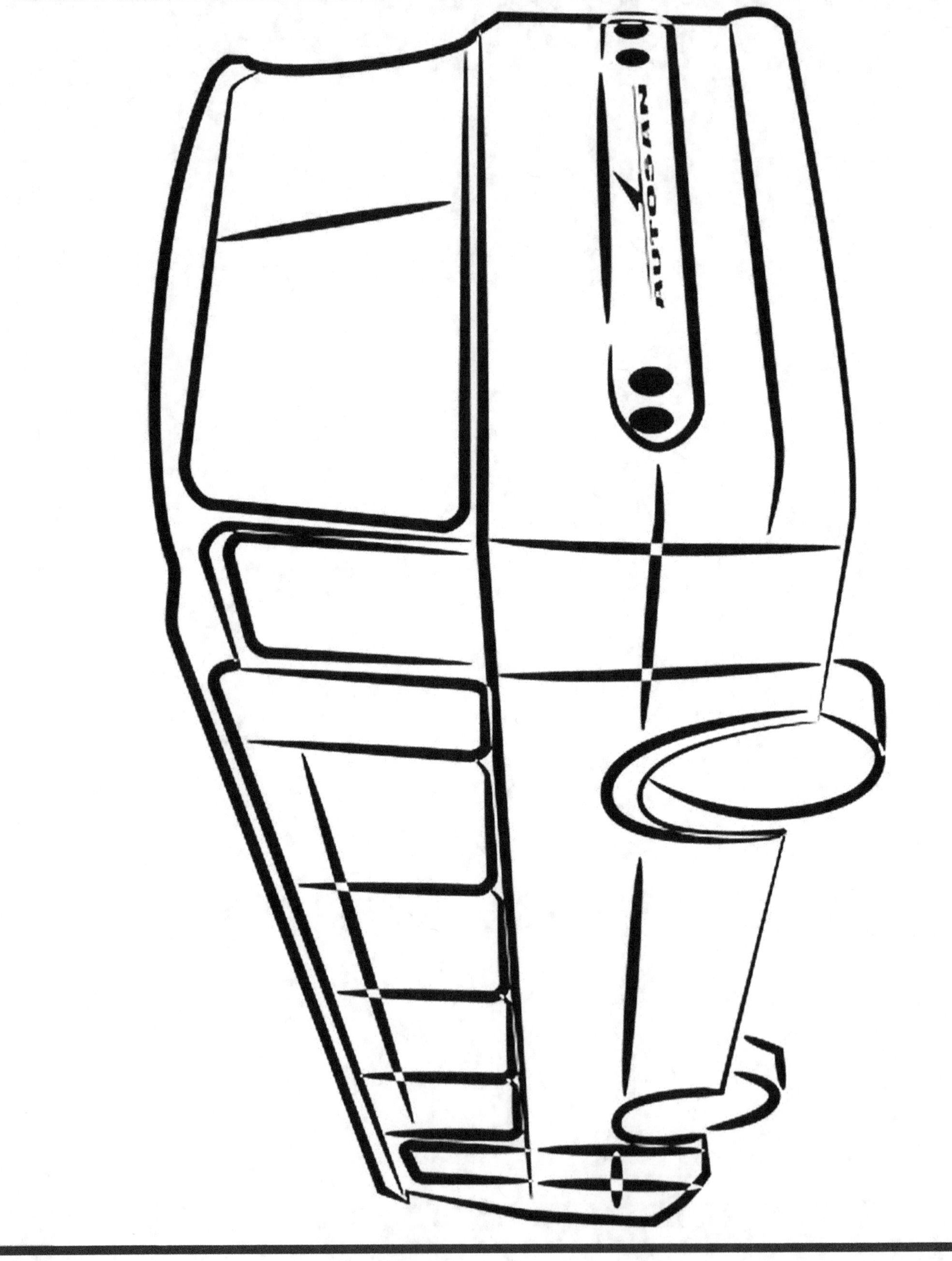

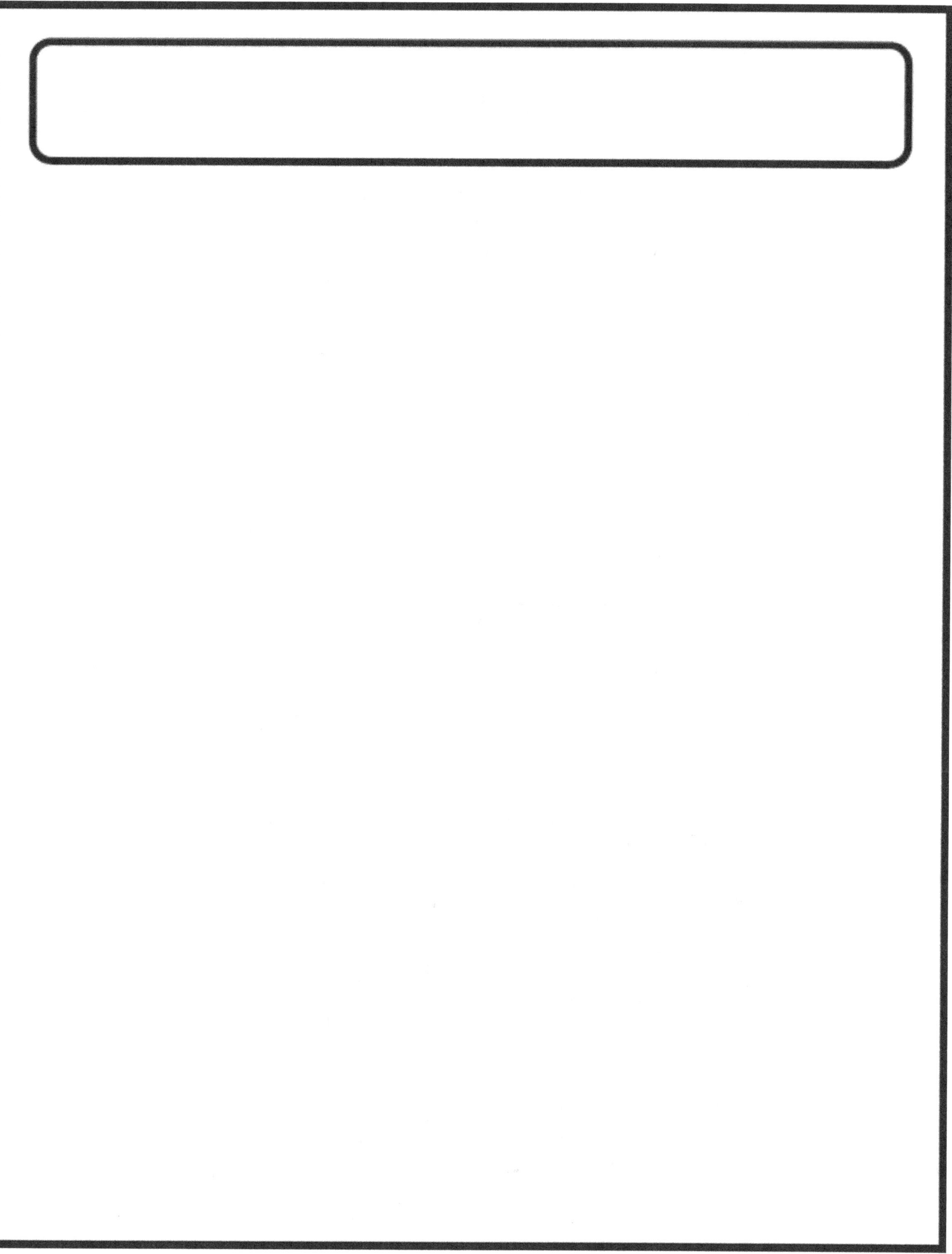

AUTOBÚS ESCOLAR LIBRO DE COLORANTE

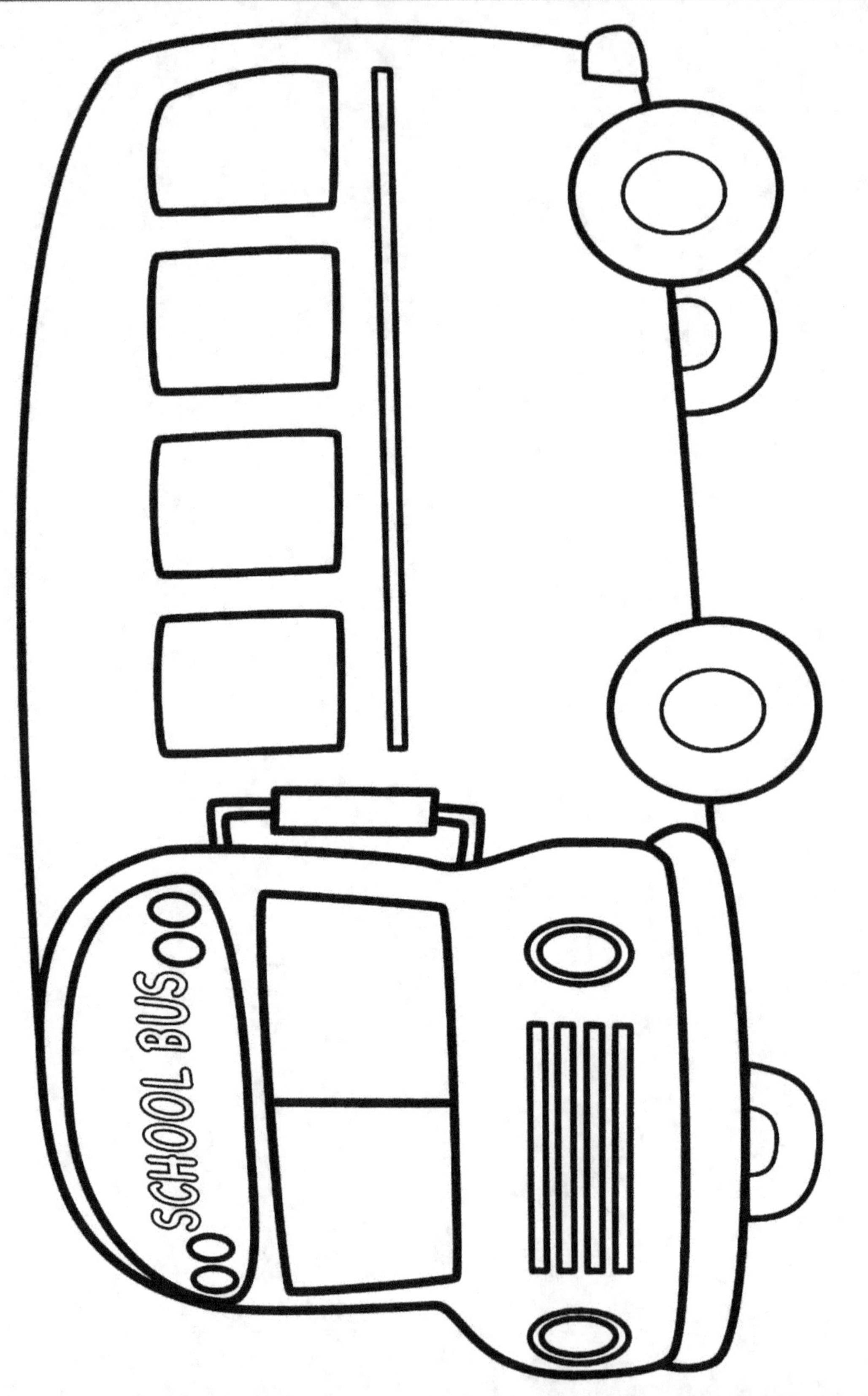

AUTOBÚS ESCOLAR LIBRO DE COLORANTE

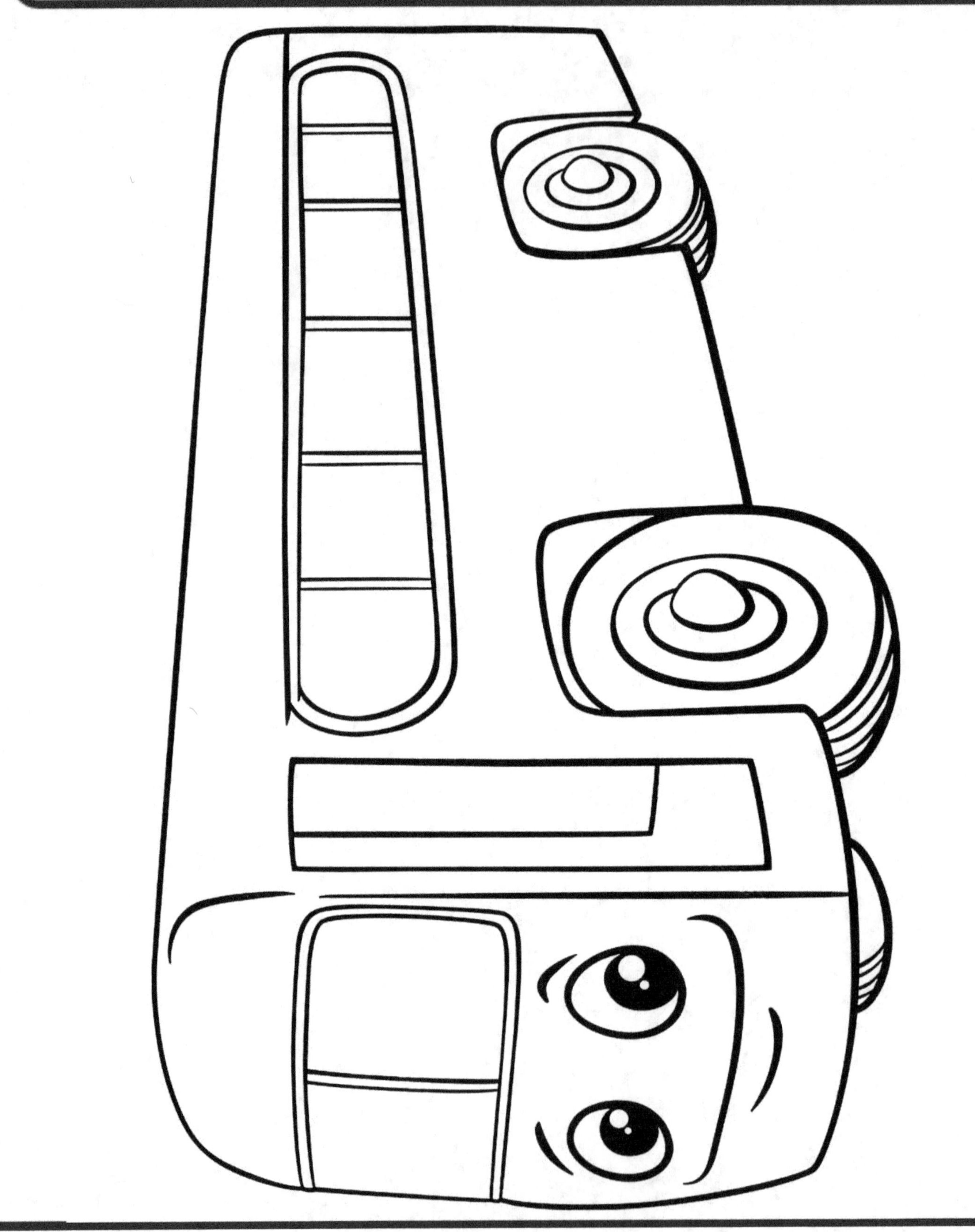

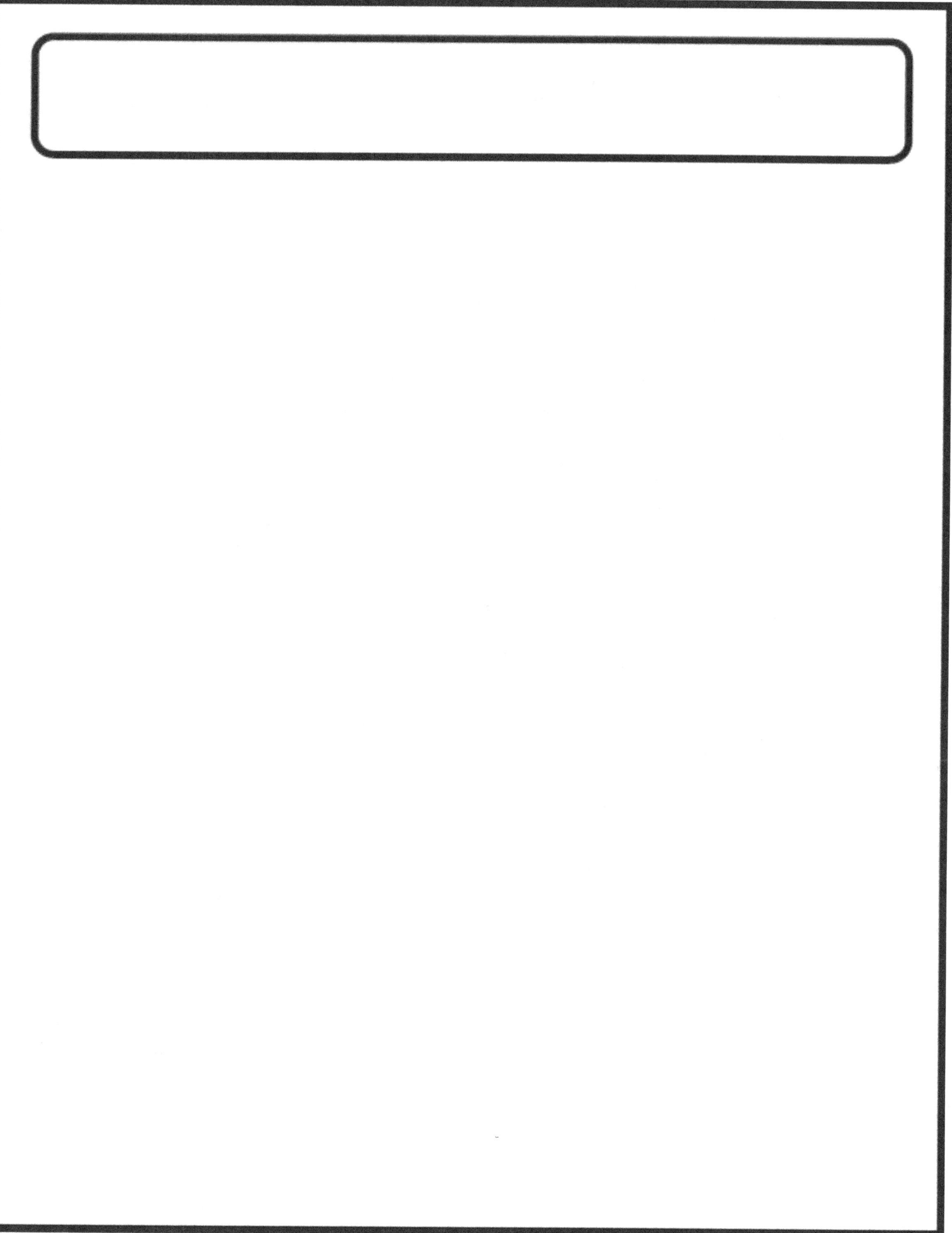

AUTOBÚS ESCOLAR LIBRO DE COLORANTE

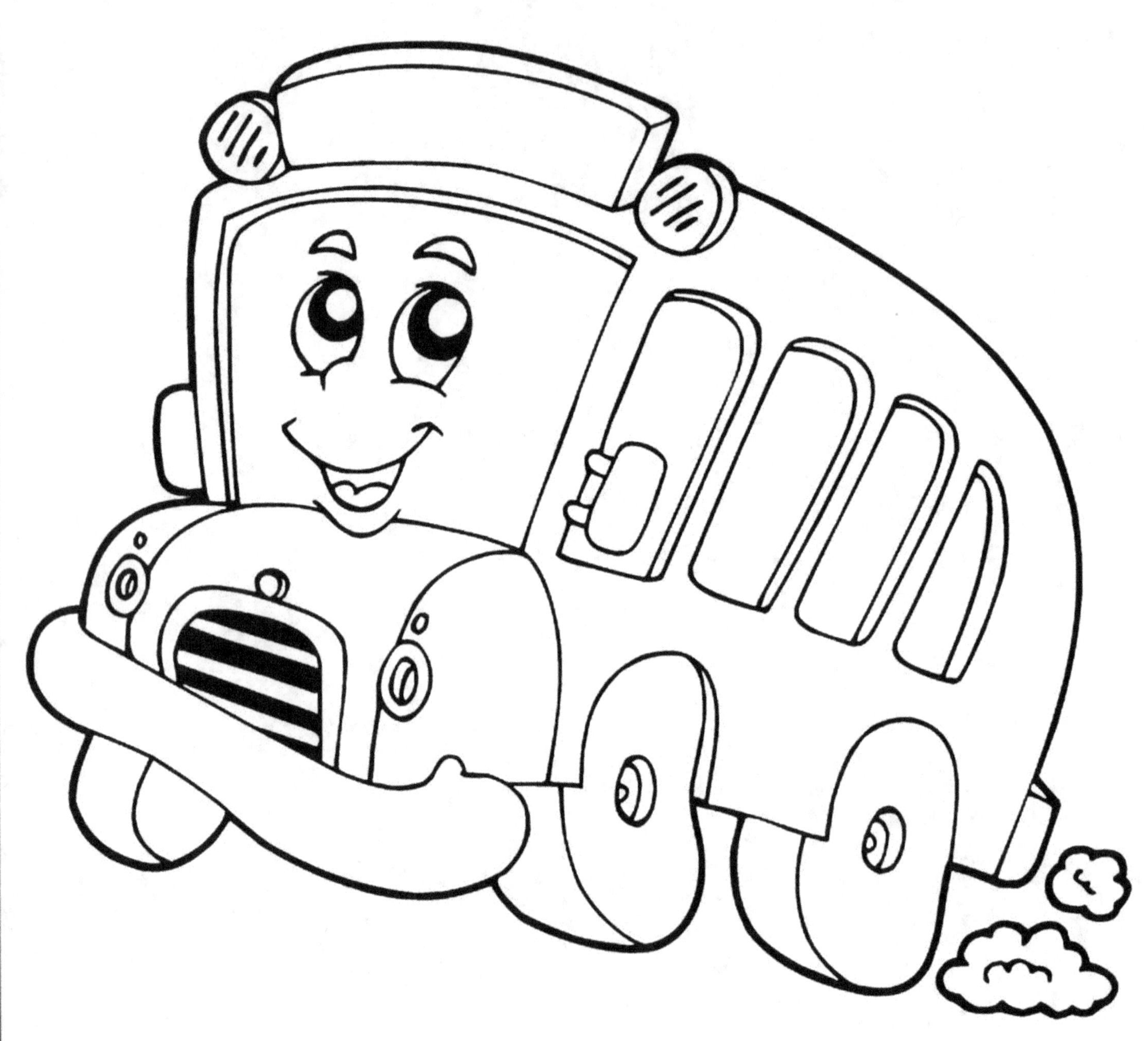

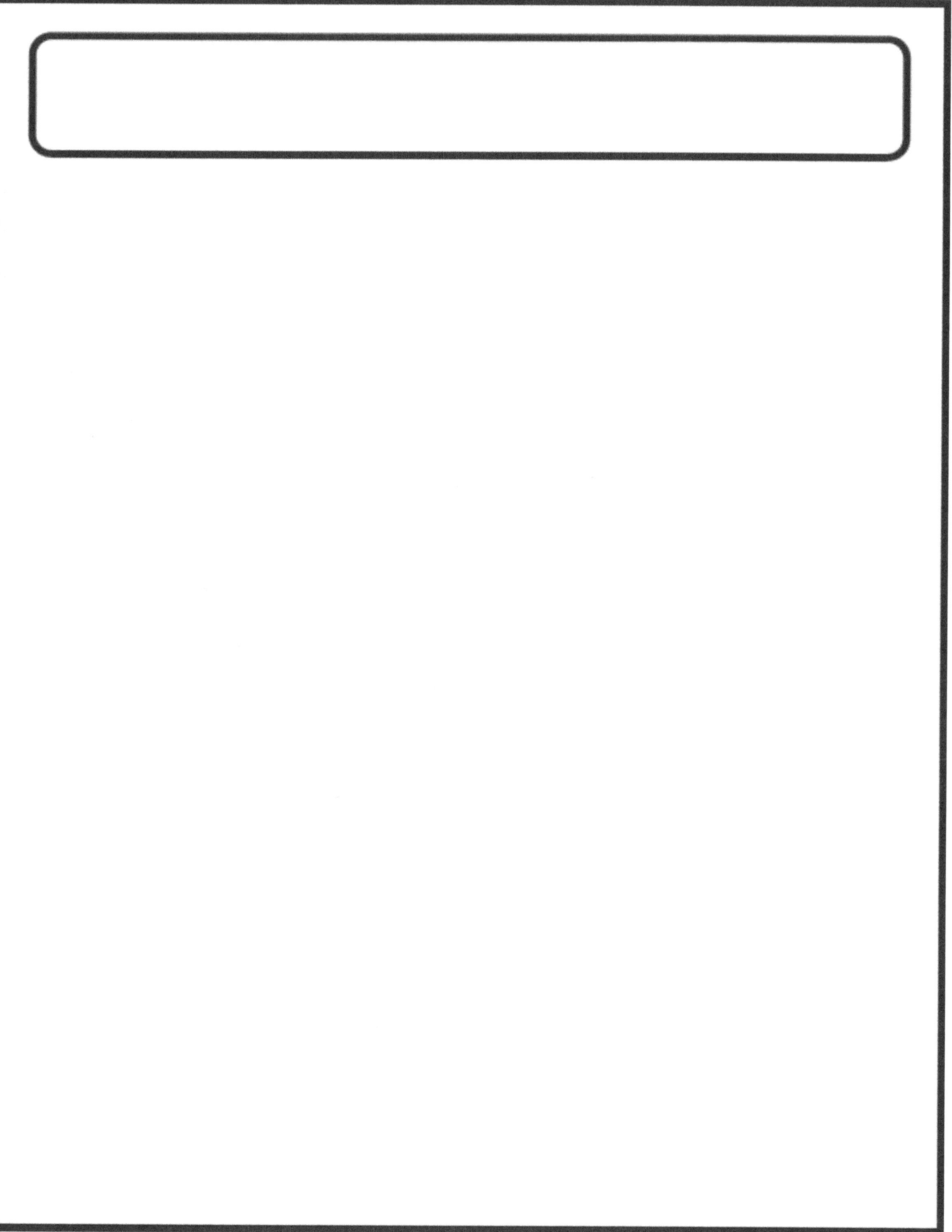